소림매화창

少林梅花槍

유홍인 편저
김태덕 번역

소림매화창

2009년 12월 1일 인쇄
2009년 12월 6일 발행

편저 유흥인

번역 김태덕

판　권 ｜ 유흥인
발행처 ｜ 두무곡 출판사
　　주소 ｜ 서울시 종로구 청운동 53-5
　　전화 ｜ 02-723-3327
　　FAX ｜ 02-723-6220
　　등록번호 ｜ 제 1-3158호

인쇄처 ｜ 도서출판서예문인화
　　주소 ｜ 서울시 종로구 내자동 167-2
　　전화 ｜ (02)732-7096~7
　　홈페이지 ｜ www.makebook.net

값 12,000 원

ISBN 978-89-956935-3-7 13690

잘못 만들어진 책은 바꾸어 드립니다.
본 책의 그림 및 내용을 무단으로 복사 또는
복제할 경우에는 저작권법의 제재를 받습니다.

서 문

「매화창(梅花槍)」은 소림무술(少林武術) 태조문(太祖門)의 오래전부터 명성을 떨친 장병기(長兵器) 투로(套路)이다.

태조문(太祖門)은 권술(拳術 : 十八節長拳·太祖三十二勢 등)과 병기술(兵器術 : 短兵器: 梅花刀·八方刀·龍泉劍 등; 雙兵器: 雙刀·鴛鴦劍·虎頭雙鉤·金剛圈 등; 長兵器: 梅花槍·六合槍·齊眉棍·春秋大刀·撲刀 등; 軟兵器: 七節鞭 등) 그리고 대련(對練 : 徒手對練·三節棍進槍 등) 여러 종류의 투로가 있다. 내용이 매우 풍부하고, 실전성(實戰性)이 강하며, 태조문(太祖門)의 굳세어 힘이 있고 빠르며 민첩한 기본적인 특징을 나타내어서, 몸을 건강하게 할 수 있을 뿐만 아니라 몸을 지킬 수 있으며, 젊은이가 배워 수련하기 매우 적합하다.

매화창은 소림무술의 일반적인 특징을 갖추어 있을 뿐만 아니라 또한 그 자체의 풍격(風格)이 있다. 매화창의 특징은 기세(氣勢)가 굳세어 힘차며, 리듬이 분명하고, 투로의 변화가 다양하며, 연속하여 이어져 막힘없이 통하고, 공격하여 적중함이 신출귀몰하며, 그 급소를 취한다. 매화창의 주요 창법(槍法)은 란(攔)·나(拿)·찰(扎)·도(挑)·척(刺)·붕(崩)·벽(劈)·파(擺)·륜(掄) 등이 있고, 또한 연환파(連環把)·무화창(舞花槍) 등이 있다. 창법(槍法)의 비결은, 몸이 고양이처럼 민첩하게 움직이고, 창은 표창(鏢槍)처럼 빠르게 나가며, 창이 한 가닥 선으로 찌르고, 창이 보이지 않도록 휘두르며, 창을 거두어들임은 호랑이를 억누르는 것과 같고, 창을 펼쳐 보이면 용(龍)과 뱀이 나타나며, 손과 눈과 몸은 보(步)를 따르고, 기력(氣力)은 창첨(槍尖: 창끝)에 도달한다.

하얼빈시무술관(哈爾濱市武術館) 교관이며 저명한 소림무술 권사(拳師)인 유홍인(劉洪仁)은 어려서부터 부친을 따르며 무술을 배워, 50여 년의 힘든 수련을 거치며 심혈을 기울여 갈고 닦아서, 공부(功夫)가 대단히 깊고, 탁월한 풍격(風格)을 지녔다. 매화창 기예(技藝)에 대한 그의 조예는 뛰어나서, 그가 사용하는 창대는 굵을 뿐만 아니라 또한 길지만, 그러나 휘두르기 시작하면 자유자재로 민첩하여서, 마치 교룡(蛟龍)이 물에서 나온 것과 같다. 더욱이 창법(槍法) 중의 란(攔)·나(拿)·찰(扎)은 제일이라 일컬어진다. 그는 팔힘·손목힘·허리힘과 단전(丹田)의 기(氣)를 모아서 일체를 이루어, 란(攔: 가로막아 저지하다)한즉 밖으로 밀어 제치고, 나(拿: 붙잡아 제압하다)한즉 안으로 방어하며, 찰(扎: 찌르다)한즉 그 정곡(正鵠: 급소)을 취하니, 비록 동작의 폭이 크지 않으나, 오히려 정(精)·기(氣)·력(力)을 창끝으로 관통하여 도달한다.

  유홍인(劉洪仁) 노사(老師)가 수련하는 매화창은, 1953년의 제1회 전국민족형식운동회 이래, 여러 시합이나 공연 중에 모두 호평을 받았으며, 또한 전국우수공연상을 받았고, 제1회 전운회(全運會) 무술시합 장병기(長兵器) 준우승을 차지하여, 우리 시(市)의 체육운동을 위해 영예를 쟁취하였다.

  오늘날 유(劉) 노사가 그의 절기(絶技)인 매화창을 많은 체육종사자와 무술애호가에게 삼가 바치니, 참으로 기쁘고 축하할 일이다.

하얼빈시체육위원회 부주임 유가양(劉嘉良)

목 차

서문 ·· 3

1. 창(槍)의 부위 명칭·규격과 기본적인 잡는 법 ···· 7

2. 창법 중의 기본 보형(步型)과 수련법 ················ 14

3. 창법(槍法)의 기본동작 연습 ····························· 22

4. 매화창(梅花槍) 투로(套路) 동작명칭 ················ 40

5. 매화창(梅花槍) 투로 설명 ································ 45

6. 부록: 몽록당(夢綠堂) 창법(槍法) ····················· 175

7. 역자후기 ··· 192

1. 창(槍)의 부위 명칭 · 규격과 기본적인 잡는 법

(1) 창의 부위 명칭

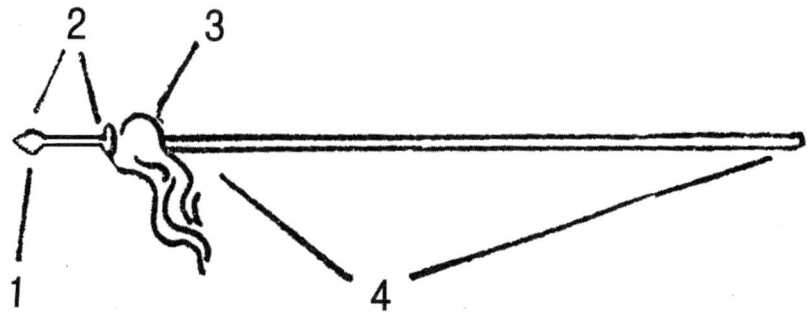

1. 창첨(槍尖)
2. 창두(槍頭) : 강철을 사용하여 만든다.[1]

---

[1] 역자註 : 창두(槍頭)는 중국의 무술용구를 판매하는 상점에서 구입할 수 있으며, 그 모양은 창날과 창대를 끼우는 대롱으로 이루어져 있다. 창두는 너무 무거운 것을 쓰지 않도록 주의한다. 명(明)대의 정종유(程宗猷)가 지은 장창법선(長槍法選)에는, 창두(槍頭)의 크기를 3촌(寸)5푼(分)이라 하였고, 내두(內頭) 즉 창날의 길이는 1촌(寸)5푼(分)이며, 가운데가 검척(劍脊)처럼 솟아올라 두껍고, 양 날은 엷으며, 내고(內庫) 즉 창대를 끼우는 대롱은 길이가 2촌(寸)이고, 구경(口徑)이 5푼(分)이라 하였으며, 또한 유엽창(柳葉槍)이라고 불렀는데, 현재의 치수로 보면 좀 작은 크기이다. 창두(槍頭)의 대롱에 창대를 끼워 넣을 때, 대롱과 끼워 박는 창대 사이에 공간이 조금 남도록 하여서, 그 사이에 먼저 작은 강철구슬 서너 개를 넣은 후에 창대를 끼워 넣기도 하며, 이처럼 하면 창을 움직일 때 강철구슬이 창두 속의 빈 공간에서 굴러 부딪치는 소리가 나는데, 수련할 때 이 소리를 들

3. 창영(槍纓) : 코뿔소의 꼬리나 집에서 기르는 소의 꼬리를 붉게 염색하여 사용하며, 또한 마대(麻袋)로 대신하여 사용할 수 있고, 길이는 약 8치 가량이다.2)

4. 창간(槍杆) : 청랍목간(靑臘木杆)3)이나 백랍목간(白臘木杆)4)을 사

고 즐기기도 하며, 또한 모종의 창술수련에 이용하기도 한다.
2) 역자註 : '말 갈기털(馬鬃)'이나 쇠꼬리 털을 붉게 염색하여 만든 제품을 주로 사용한다. 창영(槍纓)의 용도에 대해서는, 가령 창첨(槍尖)이 적을 찔렀을 때 피가 창대로 흘러내리는 것을 차단하는 용도라거나, 혹은 수련할 때 창대에 따라서 창영(槍纓)이 떨려 흔들리는 모양을 보고서 창법(槍法)과 경력(勁力)의 우열을 간파할 수 있어 공력(功力)을 점검한다고도 한다.
3) 역자註 : 청랍(靑蠟)나무는 평탄한 지형의 푸석푸석하며 비옥한 사질(沙質) 토양에서 잘 자라며, 약한 알칼리성 토양이나 습하거나 척박한 땅에서도 견딘다. 번식은 주로 꺾꽂이를 하며, 중국의 하북성(河北省) 일대에서 재배한다. 현재 청랍나무는 창대로는 거의 사용하지 않으며, 가느다란 줄기로는 광주리를 엮고, 막대기는 망치나 작은 농기구의 자루로 사용하며, 혹은 가공하여 각종 공예품을 만든다.
4) 역자註 : 백랍나무는 일종의 관목(灌木)이며, 산골짜기 평지의 사질 충적토나 강기슭의 수분이 많고 비옥한 사질토양에서 잘 자라고, 간단한 꺾꽂이로 용이하게 번식하며, 한번 식재하여 뿌리만 남겨두면 연속하여 4·50년을 벌채할 수 있다. 1~2년 정도 자란 가느다란 줄기는 백랍조(白蠟條)라고 부르며, 주로 광주리 등의 기구를 엮는데 사용하고, 3~4년 이상 자란 줄기는 백랍간(白蠟杆)이라 부르며, 농기구나 체육용품 그리고 각종 가구의 제작에 많이 사용된다. 백랍나무는 특이하게 곧게 자라며, 재질이 치밀한 편에 속하고, 특히 탄성(彈性)이 우수하며 질긴 성질이 있다. 현재 중국의 무술용품상점에서 판매하는 백랍간은, 대체로 길이는 7척(尺) · 10척 · 13척의 3종류가 있고, 이 매화창 수련용은 7척(2m 10cm)이 적당하다. 백랍간은 그 모양이 바르고 아름다우며, 특히 백랍간의 표면 전체에 작은 돌기(突起)가 규칙적으로 도드라져 나온 것을 최고 품질로 여긴다. 이와 같은 백랍간은 손이 미끄러지지 않고 또한 그 감촉이 좋으나, 매우 드물어 구하기 어렵다. 백랍간은 건사를 잘 하여 오래 사용하면 밤색이나 대추색으로 변하기도 하며, 골동품으로 취급하기도 한다. 상점에서 판매하는 백랍간은 껍질

용한다.5)

을 벗겨낸 것이나, 껍질을 벗겨내지 않고 원형대로 건조시킨 것이 튼튼하다. 표면을 깎아내었거나 사포로 갈아내어 흰색이 많이 드러나게 가공한 것은 일반적으로 하등품에 속한다. 현재 중국의 하남성(河南省) · 하북성(河北省) · 산동성(山東省) 등지에서 전문적으로 재배하는 농가가 있으며, 우리나라에서도 재배가 가능할 것이다.

5) 역자註 : 춘추전국 시대에는 장병기(長兵器)를 통칭하여 비(柲)라고 불렀는데, 그 장대자루는 나무를 둥글고 길게 깎아서 심(芯)으로 삼고, 겉에는 대나무를 얇고 길게 다듬은 죽편(竹片)을 빈틈없이 붙이고, 다시 모직물이나 가죽 끈 혹은 등(藤)나무 껍질을 촘촘하게 감아서, 옻칠을 여러 차례 하여 만들었다. 이처럼 복합적인 재료로 만든 장대는, 강하면서 유연하여 강유(剛柔)가 서로 조화되어 보완하며, 매끈매끈하고 강인하여 쉽게 부러지지 않는다. 중국의 박물관에 전시된 비(柲)를 보면, 대단히 정교하게 제작되었다. 창대의 재료에 대하여 명(明)대의 당순지(唐順之)가 지은 무편(武編)에 말하기를, 질려조(蒺藜條 : 납가새나무)가 상품이고, 자조(柘條 : 산뽕나무)가 그 다음이며, 풍조(楓條 : 단풍나무)는 또 그 다음이라 하였다. 정종유(程宗猷)의 장창법선(長槍法選)에서 말하기를, 재질(材質)이 치밀한 박달나무 등과 같은 큰 나무를 깎아 만든 창대는 견고하지 못하여 쉽게 부러지므로, 생긴 그대로의 나무막대기가 좋으며, 계조목(繫條木) · 우근목(牛筋木 : 붉은 것이 좋은 것이고 흰 것은 좋지 않다고 하였다. 중국의 상점에서 파는 지팡이 중에 괴이한 모양의 혹이 붙어있으며 질기고 단단한 나무가 우근목이다) · 백랍조목(白蠟條木 혹은 白蠟杆이나 白臘杆) 등이 있는데, 큰 가지를 잘라낸 흔적이 없는 것이 좋고, 연약하지도 않고 딱딱하지도 않은 것이 좋다고 하였으며, 당시의 군대에서는 대부분이 대나무를 사용하였는데, 대나무는 마디가 촘촘히 많은 것이 좋으나, 부서지기 쉬워 오래 쓸 수 없고, 마르면 저절로 갈라지므로, 소금물에 오래 담가서 항상 윤택이 있어야 사용할 수 있다고 하였다. 청(淸)대의 오수(吳殳)가 지은 수비록(手臂錄)에서 말하기를, 창대의 재료는 안휘성(安徽省)의 우근목(牛筋木)이 상품이고, 검척목(劍脊木)이 그 다음이며, 백랍간(白蠟杆)은 부드러워서 곤(棍)의 재료라고 하였다. 창대의 재료로서 현재는 백랍간(白蠟杆)이 가장 보편적으로 사용되고, 다른 나무에 비해 품질이 우수하다. 중국의 무술영화에 등장하는 곤(棍)이나 창대의 대부분이 백랍간이다.

(2) 창의 규격 표준

1. 창의 길이 : 몸을 곧게 세워 서서 팔을 펴서 위로 들어올렸을 때, 발바닥에서부터 손가락 끝에 이르는 길이보다 길어야 한다.[6]

---

[6] 역자註 : 이 매화창과 같은 창술 투로용 창은 화창(花槍)이라고 하며, 길이는 대체로 7척(尺)이다. 원래 창(槍)은 길이가 1장(丈)2척(尺) 이상인 장창(長槍)을 가리켰으며, 12척(尺) 밖으로 적을 막고, 12척 안에서는 도(刀)를 사용하여 보조하였는데, 이것은 보병(步兵)의 전투방식이었다. 춘추전국시대에는 전차(戰車)가 주요 무력이었으며, 비(柲 : 矛·戈·戟 등의 長兵器)는 차전(車戰)에 사용하기 유리하였다. 전국시대 말기와 한(漢)대에 이르러 기병(騎兵)이 대량으로 사용되면서, 가로지게 날을 사용하는 도(刀)와 같은 병기는 살상력이 떨어지고, 창(槍)과 같이 곧게 찌르는 병기가 위력을 발휘하였다. 군대에서 사병을 훈련시키는 창술은 간단하고 실용적인 찌르기나 막기를 기본으로 하였으며, 전장에서는 체력이 더욱 중시되었다. 명(明)대의 척계광(戚繼光)이 기효신서(紀效新書)에서 말하기를, "무릇 무예를 비교하려면, 배워 익혀서 실제로 대적하는 기량이 진실로 마주하여 싸울 수 있는 것인지를 반드시 모두 살펴보아야 하며, 화창(花槍)과 같은 수법을 그대로 배워 익혀서, 단지 사람들 앞에서 허세로써 보기 좋게만 꾀해서는 안 된다."라고 하여, 처음으로 "화창(花槍)"이라는 용어를 사용하였는데, 창술 중의 실용성이 없이 멋지게 꾸민 수법을 의미하여서, 전장에서 사용하기 부적합한 창법은 모두 화창(花槍)에 속하였다. 그러므로 척계광(戚繼光)이 말한 화창(花槍)은 오늘날 병기(兵器)의 명칭으로서의 화창(花槍)과는 그 의미가 다르다. 민간무술의 입장에서 보자면, 민간의 개인이 일대일로 싸우는 것은, 전쟁터의 무리지어 싸우는 것과는 상황이 완전히 달라서, 창법의 변화가 다양해야 하며, 훌쩍 뛰어오르는 동작도 필요하여서, 척계광(戚繼光)이 폄하한 화창(花槍)이 다만 실용성 없이 근사하게 꾸며낸 것이라고 단정 지을 수는 없다. 오수(吳殳)는 수비록(手臂錄)에서 "전장(戰場)"과 "유장(游場)"이라는 두 가지 개념으로 창술을 구분하였는데, 유장(游場)의 창술은 민간에서 개인적으로 겨루는 창법을 가리키며, 척계광(戚繼光)이 유장(游場)의 창술을 경시한데 반하여, 오수(吳殳)는 민간의 개인적인 겨루기

2. 창대의 굵기 : 무술경연시합에서는 남녀노소별로 창대의 직경을 세밀히 규정하나, 손으로 견고하게 움켜잡을 수 있고 창대 자체의 탄성과 견고함을 지닐 수 있는 정도이면 적당하다.

(3) 창의 기본적인 잡는 법

1. 창을 쥐기 : 오른손 엄지 · 식지 · 중지가 아래로 향하여 창대의 중간부위를 잡고, 창대는 호구(虎口:엄지와 식지의 사이)에 바싹 달라 붙이며, 오른쪽 몸 옆에 기대어 세운다. (그림 1)

(그림 1)

중에 실전으로 쌓은 창술의 응용을 긍정하였다. 민간무술가의 다양한 수법의 현란하기까지 한 창술은, 전장에서 떼 지어 찔러 오고 가는 창술과는 다른 종류의 실용적인 창술이며, 전쟁터의 사병이 훈련하는 몇 가지 창법보다는 훨씬 심오한 공부(功夫)라고 할 수 있다. 일반적으로 화창(花槍)은 단곤(短棍)의 한쪽 끝에 창두(槍頭)를 부착하여 살상력을 증강한 병기(兵器)라는 견해가 있는데, 사실상 화창(花槍)의 기법 중에 곤술(棍術)의 기법이 많이 섞여 있으며, 또한 곤술(棍術)에도 창법(槍法)이 섞여 있다.

2. 창을 움켜잡기 : 양 손이 창을 움켜잡으며, 혹은 왼손이 앞쪽에 있거나, 혹은 오른손이 앞쪽에 있다. 앞쪽에 있는 손이 창의 중간을 움켜잡고, 장심(掌心)이 위로 향하며, 다섯 손가락이 창대를 움켜잡는데, 엄지는 앞쪽 옆으로 비스듬히 향하고, 식지는 창대를 움켜쥐어 손가락

(그림 2)

끝이 위로 향하며, 중지·무명지·새끼손가락은 창대를 움켜잡아 손가락 끝이 옆으로 비스듬히 뒤쪽으로 향하고, 오른손은 창대의 끝 부분을 손 가득히 움켜잡는다.7) (그림 2)

---

7) 역자註 : 창을 잡는 방법은 "앞쪽 손은 대롱과 같고, 뒤쪽 손은 자물쇠와 같다(前手似管, 後手如鎖)"라고 한다. 창신(槍身)의 중간을 잡은 앞쪽 손은, 마치 대롱처럼 창대를 끼워 감싸는 듯하여서, 창대가 떨어지지 않게 하고, 창대가 그 중에 자유로이 출입할 수 있게 하며, 또한 창신(槍身)의 지렛목 거점으로 삼아 창의 높이를 통제한다. 창신(槍身)의 끝부분 손잡이를 잡은 뒤쪽 손은, 마치 자물쇠처럼 견고하게 잡아 쥐며, 의식을 갖추어 움켜잡는다. 창법에 따라서 창을 잡는 방법이 다르기는 하나, 뒤쪽 손이 창대 끝 부위를 잡을 때 창대의 말단 조금을 남겨 잡아서 노출되는 것을 "노파(露把)"라고 부르며, "노파(露把)"는 창법에서 기피하는 방법이다. 수비록(手臂

錄) 중에 말하기를, "곤(棍)을 잡는 뒤쪽 손은 응당 3·4촌(寸)을 남겨두어야 하며, 이로써 손을 바꾸기 편리하다. 창을 잡는 것은 반드시 끝까지 다 닿아서, 창끝이 장심(掌心) 중에 있어야 하며, 팔뼈와 똑바로 마주하면, 원활하고 길어진다". 뒤쪽 손을 허리부위에 닿아 붙이는 자세는, 손·창대 손잡이·허리를 다잡아 연결하여 일체가 되어, 창·팔·몸을 관통하여 일체가 되도록 하며, 창대 손잡이를 원활히 민첩하게 운행하여 창대 끝의 위치를 변화할 수 있고, 또한 허리힘을 창첨(槍尖)에 전달할 수 있다.

2. 창법 중의 기본 보형(步型)과 수련법

(1) 궁보(弓步 : 登山勢)

양 발을 전후(前後)로 벌려 큰 보(步)로 서며, 앞쪽 발의 발끝을 안으로 약 45도 꺾어 돌리고, 앞쪽 다리는 무릎을 굽히며, 소퇴(小腿 : 무릎 아랫다리)는 지면과 수직을 이루고, 대퇴(大腿)와 소퇴(小腿) 사이의 협각(夾角)은 약 90도이며, 뒤쪽 다리는 팽팽히 곧게 펴고, 뒤쪽 발의 발끝을 밖으로 45도 돌리며, 상체는 앞쪽 방향 정면으로 마주하고, 눈은 수평으로 바라본다. (그림 3)

(그림 3)

요점

궁보(弓步)는 "앞쪽 다리는 구부리고, 뒤쪽 다리는 팽팽히 펴며", 양 발은 땅을 붙잡아 쥐어야 하는데, 더욱이 뒤쪽 발의 발꿈치와 발 바깥

측 모두 지면에서 떨어져서는 안 되며, 중심(重心)이 안정되어야 하고, 가슴을 펴며 허리를 가라앉히고, 상체는 바르며 곧다. 왼쪽 다리가 앞에 있는 것이 좌궁보(左弓步)이고, 오른쪽 다리가 앞에 있는 것이 우궁보(右弓步)이며, 몸을 돌림으로써 좌우를 변환하여 연습을 진행할 수 있고, 자세를 취해 서있는 시간을 점차적으로 연장하며, 너무 조급하게 수련해서는 안 된다.

(2) 허보(虛步 : 行者步)

양 발을 전후(前後)로 큰 반보(半步)를 벌려 서고, 뒤쪽 다리는 무릎을 굽혀 반쯤 웅크려 앉으며, 대퇴(大腿)는 수평에 가깝고, 무릎 끝이 측면 앞쪽 방향으로 향하며, 발바닥 전체를 땅에 붙이고, 중심(重心)이 뒤쪽 다리에 있다. 앞쪽 다리는 조금 굽히고, 발끝이 땅에 닿으며, 약간 안으로 향하여 꺾어 돌리고, 발등은 팽팽하게 펴서 당기며, 상체는 측면 앞쪽 방향으로 향하고, 눈은 수평으로 앞쪽 방향을 바라본다. (그림 4)

(그림 4)

요점

신체의 중량(重量)은 기본적으로 모두 뒤쪽 다리에 있으며, 뒤쪽 다리의 지탱함은 반드시 안정되어야 하고, 자세는 먼저 조금 높게 할 수 있으며, 그러한 후에 점차 낮은 자세로 가라앉힌다. 왼쪽 다리가 앞에 있는 것이 좌허보(左虛步)이고, 오른쪽 다리가 앞에 있는 것이 우허보(右虛步)이며, 몸을 돌림으로써 좌우를 번갈아서 연습할 수 있다.

높은 허보(虛步)는, 기본자세가 허보(虛步)와 똑같으나, 중심(重心)이 허보에 비하여 약간 높다.

(3) 마보(馬步 : 騎馬勢)

양 발을 평행하게 벌려 서며, 양 발 사이의 거리는 대략 자신의 발 길이의 3배이고, 발바닥 전체를 땅에 붙이며, 양 발끝이 앞쪽으로 향하고, 무릎은 약간 안으로 향해 '압박하여 가두어 억누르는(扣)' 듯하며, 양 다리는 아래로 웅크려 앉고, 대퇴(大腿)와 소퇴(小腿)의 협각(夾角)은 대략 90도보다 크며, 중심(重心)은 가운데에 있다. (그림 5)

(그림 5)

요점

가슴을 펴며 허리를 가라앉히고 등배를 곧게 펴며, 중심(重心)이 안정되어야 하고, 눈은 수평으로 앞쪽 방향을 바라보며, 연습할 때 자세를 취해 서있는 시간을 점차로 연장할 수 있다.

(4) 헐보(歇步 : 坐盤式)

양 다리를 교차하여 서며, 그러한 후에 무릎을 굽혀 아래로 웅크려 앉아, 한쪽 다리는 위에 있고, 한쪽 다리는 아래에 있어, 양 다리를 접근하여 바싹 붙여서, 앞쪽 발은 발바닥 전체를 땅에 붙이고, 발끝은 약간 밖으로 향하여 벌리며, 뒤쪽 발의 발바닥 앞부분을 땅에 붙이고, 둔부(臀部)는 뒤쪽 다리 소퇴(小腿)에 앉혀서 발꿈치 근처에 접근한다. 상체는 바르고 곧게 편다. (그림 6)

(그림 6)

요점

가슴을 펴며 허리를 가라앉히고, 앉는 자세는 안정되어야 하며, 다리부위의 힘을 증가해야 하고, 몸을 일으키고 앉힘이 자유자재해야 한다. 몸을 돌림으로써 좌우로 번갈아서 연습할 수 있다.

(5) 정보(丁步)

한쪽 다리는 무릎을 굽혀 반쯤 웅크려 앉고, 발바닥 전부를 땅에 붙이며, 발끝이 앞쪽으로 향하고, 중심(重心)이 이쪽 다리에 있으며, 다른 한쪽 다리는 무릎을 굽히고, 발끝이 다른 발의 내측(內側)에 가벼이 닿으며, 양 다리는 약간 간격이 있고, 무릎은 모두 앞쪽으로 향하며, 상체는 똑바로 세워 앞쪽으로 향한다. (그림 7)

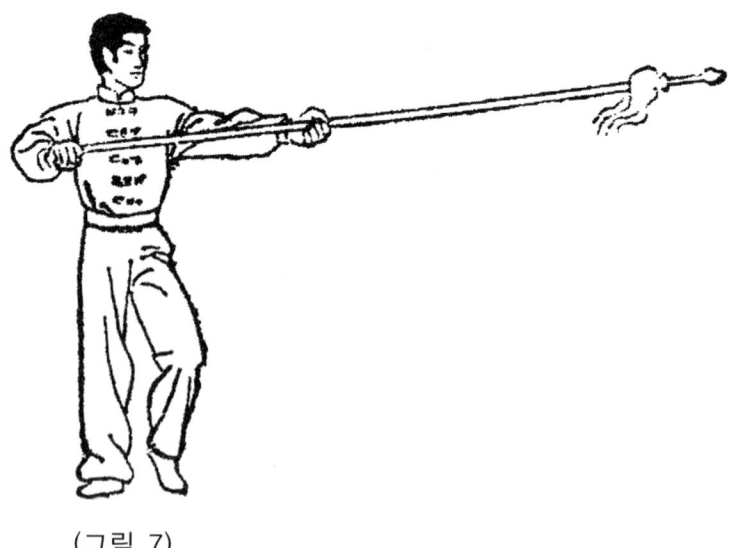

(그림 7)

요점

신체의 중량은 기본적으로 모두 한쪽 다리에 있고, 중심(重心)이 안정되어야 하며, 자세는 높았다가 점차로 낮게 할 수 있고, 양 다리가 번갈아 연습하며, 가슴을 펴고 허리를 가라앉힌다.

(6) 삽보(挿步)

양 다리를 전후(前後)로 벌려 서서, 앞쪽 다리는 약간 굽히고, 발바닥 전부를 땅에 붙이며, 발끝을 밖으로 벌리고, 뒤쪽 다리는 팽팽히 곧게 펴며, 발꿈치를 들어올리고, 발바닥은 땅을 박차듯 디디며, 상체는 앞쪽 다리의 측면으로 향하도록 뒤쪽으로 몸을 반쯤 돌린다. (그림 8)

(그림 8)

요점

가슴을 펴며 허리를 가라앉히고, 중심(重心)이 안정되어야 하며, 신체를 너무 크게 돌려서는 안 된다.

(7) 금계독립(金鷄獨立)

한쪽 다리로 똑바로 곧게 서며, 발바닥 전부를 땅에 붙이고, 발끝이 앞쪽으로 향하며, 다른 한쪽 다리는 무릎을 가능한 한 위로 들어올려서, 무릎 끝이 엉덩이뼈 관절보다 높아야 하며, 약간 안으로 향해 '꺾어 들여 가두어 다잡는(扣)' 듯하고, 발등은 팽팽하게 쭉 펴며, 다른 한쪽 다리에 가까이 접근한다. (그림 9)

(그림 9)

요점

중심(重心)은 똑바로 곧게 선 한쪽 다리에 있으며, 안정되게 유지해야 하고, 상체는 곧게 세우며, 가슴을 펴고 허리를 가라앉힌다. 양 다리를 번갈아 연습한다.

　이상의 각종 보형(步型)은 전체 투로(套路) 중에 연결하여 사용하며, 항상 운용하는 것은 궁보(弓步)・허보(虛步)・마보(馬步)이다. 그러므로 창술의 투로를 배워 수련하기 전에, 반드시 이 몇 종류의 항상 사용하는 보형(步型)을 제대로 확실하게 수련하여 기초를 잘 닦아야 한다. 이 몇 개의 보형(步型)을 제대로 수련하는 것 또한 짧은 기간에 되는 일이 아니며, 오래 지속하여 애써 노력해야 하고, 쉬운 것에서부터 어려운 것으로 점차 운동량을 증가해야 하며, 제때에 즉시 결점을 바로잡아서, 제대로 잘 될 때까지 수련한다.

3. 창법(槍法)의 기본동작 연습

(1) 란창(攔槍 : 가로막기)

준비자세

높은 좌허보(左虛步) 자세로 서서, 왼손이 앞쪽에 있고, 오른손이 뒤쪽에 있어 창을 잡으며, 왼손은 창대의 중간부위를 잡고, 팔을 조금 굽히며, 오른손은 창대의 끝 부위를 잡고서, 허리 우측에 위치하며, 눈은 수평으로 앞쪽 방향을 바라본다.[8]

---

8) 역자註 : 창술의 기본자세는 중평창(中平槍)을 으뜸으로 여겨서 수련한다. 다리자세는 높은 허보(虛步)나 낮은 허보 혹은 궁보(弓步) 자세를 취할 수 있으며, 몸을 "안정되고 바르게 치우침 없이 곧게 세우고, 앞쪽 손은 대롱 같고 뒤쪽 손은 자물쇠 같이 하여서(平正中直, 前管後鎖)" 창을 잡으며, 창첨(槍尖 : 창끝)·각첨(脚尖 : 발끝)·비첨(鼻尖 : 코끝)의 3자가 앞으로 향하고 하나의 종단면 내에 있는 것을 "삼첨상조(三尖相照)"라고 일컫는다. 이 삼첨상조(三尖相照)는 수비하는 면(面)을 축소하여, 온몸을 가려막기에 유리하다. 이처럼 삼첨상조(三尖相照)하여서 '머리 정수리가 반반하고(頂平)'·'어깨가 반반하며(肩平)'·'창이 반반하고(槍平)'·'발이 반반한(脚平)' 것을 "사평세(四平勢)"라고 일컫는다. 이와 같이 삼첨상조(三尖相照)와 사평세(四平勢)를 이룬 자세에 창신(槍身)을 가운데에 평평하게 잡은 자세를 "중평창(中平槍)"이라 일컬으며, 신속하고 힘 있게 상대방을 곧바로 찌르기에 도움이 되고, 또한 상하좌우(上下左右)로 민첩하게 막는 동작으로 변화하기 유리하다. 척계광(戚繼光)의 기효신서(紀效新書) 장병단용설편(長兵短用說篇)에 말하기를, "중평창법(中平槍法)은 육합창(六合槍)의 가장 기본이고, 24세(勢)의 으뜸으로 삼으니, 교묘한 변화가 무궁하다."라고 하였으며, 오수(吳殳)의 수비록(手臂錄)에 말하기를, "중평(中平)으로써 창 중의 왕(王)으로 삼으며, 여러 기예가 모두 이로부터 나왔고, 또한 여러 세(勢)를 쳐부

요점

높은 허보(虛步)는 안정되어야 하며, 창을 잡는 자세는 정확해야 한다.

란창(攔槍)

왼발이 앞쪽으로 향하여 반보(半步)를 나가서, 높은 허보(虛步)가 변하여 좌궁보(左弓步)가 되고, 왼손은 안에서 밖으로 향하여 손목을 뒤집으며, 창첨(槍尖 : 창두의 끝)을 안으로부터 밖으로 향해9) 호형(弧形 : 활 모양의 곡선)으로 휘돌리고, 동시에 아래팔뚝이 밖으로 향하여

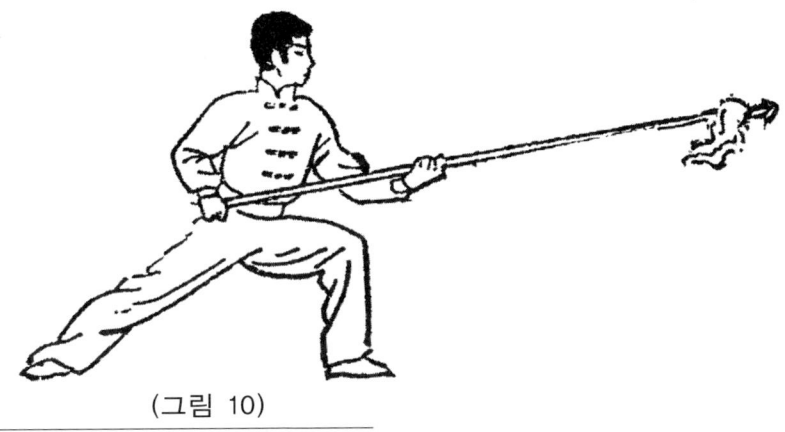

(그림 10)

술 수 있다."라고 하였다. 중평창세(中平槍勢)는 창술의 기본자세이며, 상대방이 방어하기 가장 어렵고 또한 가장 위력이 있는 창법이므로, 이 자세를 참장(站樁)수련한다.

9) 역자註 : 왼손이 안에서 밖으로 향해 곡선으로 휘두르는 것은 즉 시계 반대 방향의 곡선으로 휘돌리는 동작이다. 상대방이 나의 "권 바깥(圈外)"으로 향하여 창을 찔러올 때 란창(攔槍)수법을 사용하고, 상대방이 나의 "권 안쪽(圈裏)"으로 향하여 창을 찔러올 때 나창(拿槍)수법을 사용하며, "권 바깥(圈外)"은 상대방의 창이 나의 창의 좌측에 있는 것이고, "권 안쪽(圈裏)"은 상대방의 창이 나의 창의 우측에 있는 것이다.

작은 거리를 벌여 움직임에 따라서, 오른손은 허리부위에 바짝 붙여서 위로 향해 손목을 뒤집는다. (그림 10)

요점

손목을 뒤집는 동작은, 양 손이 동시에 진행해야 하며, "촌경(寸勁)"[10]을 사용해야 한다. 아래팔뚝이 밖으로 향하여 작은 거리를 이동할 때, 양 팔 모두 힘을 들이며, 동시에 또한 창대의 끝 부위를 허리 부위에 바싹 달라 붙이기 때문에, 허리의 힘을 빌어서 란창(攔槍)할 수 있다. 연습 시에 손목 힘·팔 힘·허리 힘 그리고 단전(丹田)의 힘 모두를 동시에 운용해야 함을 특히 주의하며, 또한 힘을 창첨(槍尖)에 순조롭게 도달해야 한다.

(2) 나창(拿槍 : 제압하기)

앞 동작에 이어서, 왼손이 밖에서 안으로 향해 손목을 뒤집으며, 창첨(槍尖)을 밖에서 안으로(시계 방향) 호형(弧形)으로 휘돌리고[11], 동

---

10) 역자註 : 촌(寸)은 극히 짧다는 뜻이다. 촌경(寸勁)은 공격목표와의 거리가 아주 가깝거나 혹은 동작이 거의 끝나려는 순간에 돌발적으로 가속하여 근육을 수축하면서 발출하며, 짧고 촉박하며 굳세고 깔끔한 폭발적인 힘이다. 권술에서 상대방을 가격하는 동작이 속도를 가하는 시기(時機)는 가격지점에 아주 근접한 때이며, 무술속담에 이르기를 "옷에 닿으면 발경한다(沾衣發勁)"라고 하는데, 너무 갑작스러워 상대방이 미처 막아낼 수 없고, 기습적인 폭발력으로 위력을 더하여서, 권술의 촌경(寸勁)은 내상(內傷)을 입힐 수 있다고 한다.
11) 역자註 : 란창(攔槍)과 나창(拿槍)의 호형(弧形)으로 휘돌리는 동작은 창술의 주된 방어수법이자 또한 창술의 가장 중요한 핵심인 권법(圈法)이며,

시에 아래팔뚝이 안으로 향하여 작은 거리를 이동함에 따라서, 오른손은 아래로 향하여 손목을 뒤집는다. (그림 11)

"창의 모든 변화는 권(圈)을 벗어나지 않는다"라고 한다. 권법(圈法)은 창을 잡은 앞쪽 손을 축심(軸心)으로 삼아서, 창두(槍頭)와 창대의 앞부분을 시계방향이나 혹은 시계반대방향으로 둥글게 휘감는 수법이다. 처음 권(圈)을 배울 때는 창첨(槍尖)을 휘돌리는 동작이 느리고, 휘돌리는 동작의 폭(幅) 즉 호(弧)나 원(圓 즉 圈)의 직경은 조금 크게 휘돌리다가, 동작이 익숙해지고 기술(技術)이 틀이 잡힌 후, 경력(勁力)을 점차로 증가하고, 동작속도가 점차로 빨라지며, 동시에 권(圈)은 점차로 작게 동작한다. 곤(棍)은 크게 휘두르며 동작하고, 창(槍)은 동작이 작을수록 좋은데, 일반적으로 권(圈)은 신체 측면의 폭을 초과하지 않는 너비를 표준으로 삼아 1척(尺) 가량으로 휘돌리며, 동작은 손목 힘·팔 힘·어깨 힘 그리고 허리 힘을 운용하여 조종해야 하고, 허리의 경(勁)과 몸의 경(勁)이 창끝까지 관통해야 한다. 창의 주요한 수비방법은 창첨(槍尖)을 호형(弧形)이나 혹은 권형(圈形)으로 둥글게 돌리는 동작이며, 권형(圈形)으로 돌리는 권창(圈槍)은 창첨(槍尖)이 하나의 완정한 원(圓)으로 동그라미를 그리는 창법(槍法)이고, 호형(弧形)은 반권(半圈)을 휘돌리는 것이며, 창첨(槍尖)이 연속하여 동그라미를 그리는 것을 "권관(圈串)"이라 부른다. 창첨(槍尖)이 호(弧)나 원(圓)을 그리는 동작 폭은, 수비하기에 적당하며 또한 신속히 변하여 찔러 공격할 수 있어야 함을 표준으로 삼는다. 명대(明代) 척계광(戚繼光)의 기효신서(紀效新書) 장병단용설편(長兵短用說篇)에 말하기를, "형천당공(荊川唐公)이 척계광에게 창술을 가르쳤는데, 척계광이 묻기를 다른 사람들이 창을 사용하는 권관(圈串)은 크기가 5척(尺)이나 되는데 공(公)만 홀로 권(圈)이 1척(尺)이니 어찌 그러합니까? 형옹(荊翁)이 말하기를, 사람 몸의 측면 형(形)은 단지 7·8촌(寸)이므로, 창의 권(圈)이 상대방 창을 1척(尺)만 비켜내어서 내 몸에 닿지 않으면 된다. 크게 동작하여 상대방 창을 멀리 비켜내어도 나에게 이득이 없고 내 힘만 소진된다. 척계광이 또 묻기를, 이와 같이 한번 '휘돌리는(圈)' 무공은 어찌해야 합니까? 형옹(荊翁)이 말하기를, 공부(工夫) 10년 해야 한다."

(그림 11)

요점

기본적인 동작은 란창(攔槍)과 같다. 그러나 주의할 점은, 란창(攔槍)은 바깥 측면 위로 힘을 들이는 것이고, 나창(拿槍)은 안쪽 측면 아래로 힘을 들이는 것으로서, 힘을 들이는 방향이 다르다. 란창(攔槍)을 할 때는 창첨(槍尖)이 약간 높고, 나창(拿槍)을 할 때는 창첨(槍尖)이 약간 낮다. 팔 힘·손목 힘·단전(丹田)의 힘을 운용하며, 왼손은 힘을 받쳐주는 지렛목의 거점으로 삼고, 힘이 창첨(槍尖)에 도달해야 한다.

(3) 찰창(扎槍 : 찌르기)

앞 동작에 이어서, 오른손이 폭발적인 힘을 사용하여 앞쪽으로 향해 수평으로 창을 찌르며, 왼손은 창대를 따라서 미끄러져 창대 끝에 이르러, 오른손의 약간 앞 지점을 잡는다. 상체는 바르고 곧으며, 눈은 창첨(槍尖)을 바라본다. (그림 12)

(그림 12)

요점

창을 찌를 때 오른팔이 힘을 들이고, 동시에 몸이 앞으로 이동하는 관성력(慣性力)을 빌어 이용하여서, 힘이 창첨(槍尖)에 도달하게 한다. 좌·우의 손을 교대로 연습할 수 있다.[12]

---

12) 역자註 : 창의 공격방법은 '찌르기(扎)'가 위주이고, 창첨(槍尖)을 둥글게 돌리며 방어하는 목적은 신속히 공격으로 전환하기 위함이다. 그러므로 둥글게 돌리는 창법은 대부분 찌르는 창법을 연이어 사용해야만 비로소 시기(時機)를 놓치지 않는다. 찌르는 방법은 곧게 직선으로 찌르며, 창첨(槍尖)이 앞서서 목표에 겨누어 나가고, 양 발은 뿌리 역할을 하며 다리가 땅을 박차서, 허리의 경(勁)과 전신의 경(勁)이 매 관절을 거쳐 위로 전해지도록 하여 창첨(槍尖)으로 곧장 관통하는데, 즉 발·다리·허리·몸체·팔·손목의 경력(勁力)을 비틀어 돌려서 한줄기를 이루어 전신의 경력(勁力)을 집중하여 창으로 관통하며, 창첨(槍尖)을 재촉하여 촌경(寸勁)으로써 찔러 나간다. 촌경(寸勁)으로써 찌르는 방법은, 창대 끝을 잡은 오른손이 앞쪽에 있는 왼손에 접근하려 할 때에, 다시 돌연히 힘을 들여 가속한다. "란나찰창(攔拿扎槍)"·"란찰창(攔扎槍)"·"나찰창(拿扎槍)"·"권찰창(圈扎槍)"·"권관찰창(圈串扎槍)"등은 가장 기본적이고 흔한 용법인데, 둥글게 돌리는 창법과 직선으로 찌르는 창법이 어우러져 조화되게 운용하여서, 창법에 '둥금(圓)'과 '곧음(直)'이 교대로 번갈게 한다. 특히 란나

찰창(攔拿扎槍)은 창법(槍法)의 핵심이며, 또한 대창(大槍)수련의 주된 수련방식이다. 대부분의 무술유파는 경력(勁力)단련의 전통적인 방법으로서 대창(大槍)수련을 하는데, 란나(攔拿)동작에 연이은 찌르기를 두창(抖槍)이라 부르며, "단전(丹田)의 내기(內氣)와 온몸의 경(勁)으로써 힘은 척추로부터 발출하여{以丹田內氣, 周身之勁, 力由脊發}" 찔러 나가서 창첨(槍尖)이 부르르 떨리고, 내경(內勁)이 창첨(槍尖)으로 관통하며, 창을 찌름이 마치 화살을 쏘는 것과 같다. 대창(大槍)은 길이가 길고 굵기도 아주 굵다. 이 매화창술과 같은 일반적인 창술 투로(套路) 수련용 창은 길이가 대략 7척(尺)가량으로서 화창(花槍)이라 부르고, 구시대의 대창(大槍)은 길이가 10척(尺) 이상이며 손잡이의 굵기는 엄지와 식지로 감싸 쥐고서도 사이에 손가락 4개를 용납할 정도의 굵기를 한도로 하였으나, 현재 중국의 무술용품 상점에서 판매하는 13척(尺) 길이의 백랍간(白蠟杆) 대창은 이에 못 미친다. 대창(大槍)수련의 기본동작 중에 가장 주된 수련은 바로 '찌르기(扎)'이며, 일반적인 수련방법은, 가령 좌궁보(左弓步)자세로 보폭(步幅)을 벌려 전굴(前屈)자세로 서면, 왼팔은 펴서 창대 중간을 잡고 오른손은 창대 끝 부위 손잡이를 잡아 오른쪽 허리부위에 붙이며, 창첨(槍尖)은 눈높이나 코높이 정도로 하여 자세를 취한다. 전굴(前屈)자세에서 란(攔) 동작을 하여 그림 10의 자세를 취하고, 이어서 몸을 뒤로 이동하며 중심(重心)을 옮겨 후굴(後屈)자세로 변하면서 나(拿) 동작을 하고, 이어서 중심(重心)을 앞으로 이동하며 전굴(前屈)자세로 변하면서 찔러나가 그림 12와 유사하게 팔과 창이 어깨높이로 수평을 이루며 잠깐 멈추어 온몸의 경(勁)이 일체를 이룬다. 이때 상체의 자세는 시종 수직으로 유지하며, 좌우 모두 수련한다. 이것은 보(步)를 움직이지 않는 정보(定步)수련이고, 또한 보(步)를 전진하거나 후퇴하는 활보(活步)수련을 한다. 전진하며 찌르는 방법은, 가령 좌궁보(左弓步) 전굴자세로 창을 잡고 서면, 뒤쪽의 오른발이 앞으로 나가 발끝을 밖으로(즉 右로) 돌려 내딛어 서며 란(攔) 동작을 하고, 이어서 왼발이 앞으로 나가 좌궁보(左弓步) 후굴자세로 서며 나(拿) 동작을 하고, 이어서 몸을 앞으로 이동하며 전굴(前屈)자세로 변하면서 찔러나간다. 후퇴하며 찌르는 방법은, 왼발이 물러나며 란(攔) 동작을 하고, 이어서 오른발이 물러나며 후굴자세로 서며 나(拿) 동작을 하고, 이어서 몸을 앞으로 이동하며 전굴(前屈)자세로 변하면서 찔러나간

(4) 붕창(崩槍 : 튀어 올리기)

준비자세

높은 좌허보(左虛步) 자세로 서서, 왼손은 앞쪽에 있고 창대의 중간 부위를 잡으며, 오른손은 창대의 끝 부위를 잡고서 허리 부위에 위치하며, 눈은 앞쪽 방향으로 바라본다.

다. 혹은 활보(活步)수련에서 전진이나 후퇴 시의 나(拿) 동작의 궁보 후굴자세는 생략하고 전굴자세를 바로 취하며 곧이어 찌르기를 할 수도 있다. 대창은 길고 무거우므로 몸체와 보(步)의 힘에 의하여 동작을 운용해야 하며, 손이나 팔은 단지 촌경(寸勁)으로써 보조할 뿐이고, 대창(大槍) 수련의 동작 모두 운동 폭을 가능한 작게 해야 한다. 즉 예를 들어 란(攔)과 나(拿) 동작도 팔을 움직이지 않고 허리를 돌려서 동작해야 한다. 또한 창첨(槍尖)을 권(圈)으로 돌리는 동작은 창술의 가장 중요한 수법으로 여겨서 특히 주중하여 수련하는데, 대창(大槍)의 창첨(槍尖)을 권(圈)으로 돌리는 동작도 그 권(圈)이 대권(大圈)이거나 혹은 소권(小圈)이거나 모두 팔은 가능한 움직이지 않고 몸체 즉 허리를 돌려서 동작한다. 권(圈)으로 돌리는 동작방법은, 궁보(弓步)의 전굴(前屈) 혹은 후굴(後屈)자세를 취하여 서고, 왼팔은 펴서 창대 중간을 잡고 오른손은 창대 끝 부위 손잡이를 잡아 오른쪽 허리부위에 붙이며 창첨(槍尖)은 눈높이나 코높이 정도로 하여 자세를 취하여, 창첨(槍尖)을 시계방향 혹은 시계 반대방향으로 원(圓)을 이루며 돌리는데, 대권(大圈)은 창첨(槍尖)이 위로는 머리를 초과하지 않고 아래는 땅에 닿지 않으며, 중권(中圈)은 창첨(槍尖)이 위로는 턱을 초과하지 않고 아래는 무릎을 벗어나지 않으며, 소권(小圈)은 가슴 앞에서 작기로는 술잔의 테두리 가선만큼 작다. 특히 대창(大槍)의 란나찰창(攔拿扎槍)은, 전신의 경(勁)이 완전무결하게 일체를 이루도록 단련하고, 폭발적인 힘을 떨쳐내며, 팔 힘을 증강하는 방법이자 내경(內勁)을 가장 용이하게 증진시키는 방법이다. 무술격언에 이르기를, "창경(槍勁)이 바로 권경(拳勁)이다"·"권술 수련은 근육을 생겨나게 하고, 창술 수련은 굳센 힘을 생겨나게 한다(練拳長肌肉, 練槍長勁力)"라고 한다.

1. 중심(重心)을 약간 일으켜 올리며, 오른발이 나가고, 오른손은 붙잡은 창대 끝을 들어올리면서 창을 앞쪽 아래로 보내며, 왼손은 미끄러져서 창대 끝의 오른손 약간 앞에 이른다. (그림 13)

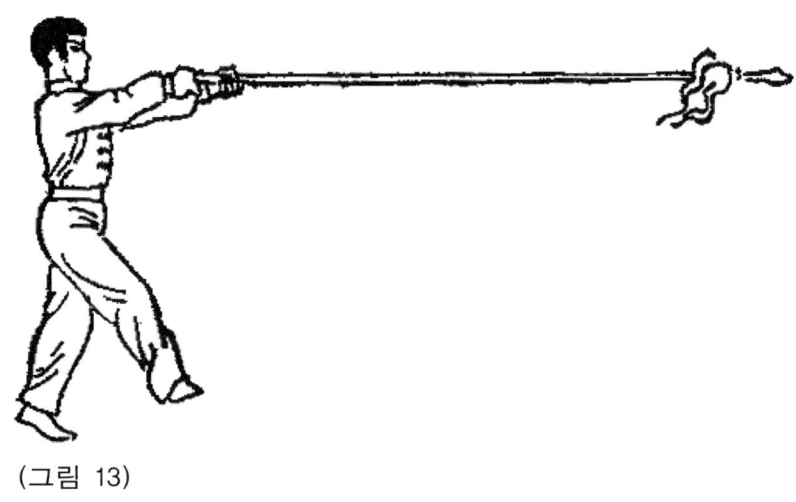

(그림 13)

2. 다시 왼발이 나가고, 중심(重心)을 오른다리로 내리며 여전히 높은 좌허보(左虛步)가 되며, 동시에 오른손은 뒤쪽 아래 방향으로 향해

(그림 14)

창을 맹렬한 힘으로 빼내고, 왼팔은 곧게 펴며, 왼손은 힘을 지탱하는 지렛목의 거점으로 삼아서 창첨(槍尖)을 위로 튀어 올린다. (그림 14)

요점

이상의 3개 동작은 연결되어 협조되어야 하고, 창을 보내는 동작은 가벼이 날렵해야 하나, 창을 빼내는 동작은 맹렬해야 하며, 높은 허보(虛步)는 안정되어야 하고, 좌우의 손은 잘 호응해야 하며, 또한 촌경(寸勁)을 사용해야 하고, 힘이 창첨(槍尖)에 도달하게 한다.

(5) 벽창(劈槍 : 후려찍기)과 벽파(劈把 : 창대로 후려패기)

준비자세

높은 우허보(右虛步) 자세로 서서, 오른손이 앞쪽에 있고 창대의 중간

(그림 15)

부위를 잡으며, 왼손은 뒤쪽에서 창대의 끝 부위를 잡는다.

1. 왼다리 무릎을 들어올리며 양 손은 창을 위로 쳐들어서, 창첨(槍尖)이 뒤쪽으로 향한다. (그림 15)

2. 무릎을 들어올린 다리를 내리면서, 창을 위로부터 앞쪽으로 향하고 아래로 향해 맹렬하게 후려 찍는다.[13] (그림 16)

---

13) 역자註 : 그림 15와 16에서 창대를 잡은 양 손의 위치는, 내려찍는 동작 중에 변환하였다. 모든 병기(兵器)는 각기 여러 종류의 잡는 방법이 있으며, "병기는 잡는 위치나 잡는 수법을 바꾸면서 초식을 변화하고(換把變招)", "견고하게 잡고서 격발한다.(固把擊發)". 병기를 잡는 방법은 초식의 기초이므로, 초식을 변화하려면 먼저 잡는 방법을 바꾸어야 한다. 그러므로 상대방과 겨룰 때는, 상대방이 병기를 잡는 위치나 방법의 변환을 관찰하여서, 그 초식의 변화를 추측하고, 또한 잡는 방법을 바꿀 때는 상대방이 모르게 은폐하는데, 자신의 몸으로 은폐하여 몸 뒤에서 바꾸거나, 양 손이 어느 한 위치를 잡고서 서로 은폐하여 바꾸거나, 병기의 몸체에 따라 미끄러져 움직이면서 양 손이 은폐하여 위치를 바꾸어 잡으며 수법을 변화한다. "견고하게 잡고서 격발하는(固把擊發)" 것은, 병기의 잡는 방법이나 위치를 바꾸는 등의 동작을 거쳐서 공격목표에 접근하려는 순간에 이르면, 주로 힘을 쓰는 손이 잡은 곳을 견고하게 움켜잡고서, 촌경(寸勁)으로써 격발하는 것이다. 양 손으로 움켜잡는 창(槍)이나 곤(棍) 등의 가벼운 장병기(長兵器)는 뒤쪽에 잡고 있는 손이 주로 힘을 쓰는 손이고, 대도(大刀)나 대파(大鈀) 등의 무거운 장병기(長兵器)는 앞쪽에 잡고 있는 손이 주로 힘을 쓰는 손이다. 주로 힘을 쓰는 손이 견고하게 움켜잡고 격발하면, 미리 작정한 공방(攻防)방법과 운동궤적에 따라서 병기를 유지하며 동작을 완성할 수 있고, "온몸이 일체를 이룬 경(整勁)"을 손을 거쳐서 병기에 전달할 수 있어서, 그 초식에 필요한 힘을 들이는 부위에 도달하며, 또한 병기가 목표에 명중한 후에 그 반작용력(反作用力)에 의해 뒤흔들려 이탈되지 않도록 한다.

(그림 16)

요점

이상의 3개 동작은 연결되어 협조되어야 하고, 창을 후려 찍는 동작은 맹렬히 힘을 들여야 하며, 촌경(寸勁)을 사용해야 하고, 양 팔 모두 힘을 들이며, 왼손은 힘을 지탱하는 지렛목의 거점으로 삼고, 힘이 창첨(槍尖)에 도달해야 한다. 벽파(劈把)는 창대 손잡이가 앞쪽에 있도록 바꾸는 것이며, 그 나머지는 모두 벽창(劈槍)과 같다.[14]

---

14) 역자註 : 벽(劈)은 마치 도끼로 나무를 패어 쪼개듯이 휘둘러 찍는 수법이며, 만약 도끼가 나무에 박히기만 하면 쪼갤 수 없다. 공격목표에 접근하려는 순간에 굳세고 깔끔한 폭발적인 힘을 돌연히 가속하며, 이것을 촌경(寸勁)이라 한다. 무술격언에 이르기를, "부드럽게 운행하고, 굳세게 마무리한다(柔過渡, 剛落點)"라고 하며, 이것은 무술 발경(發勁)방법의 일반적인 특징이다. 동작의 과정 중에는 근육을 상대적으로 이완하여 운행하다가, 공격목표 지점에 접근하면 돌연히 동작을 가속(加速)하며 근육을 수축하여 전신의 경력(勁力)이 한 기세(氣勢)로 일체를 이루어 폭발적으로 짧고 촉박하게 목표에 명중한다.

34

(6) 무화창(舞花槍 : 휘돌리기)

준비자세

양 발을 전후(前後)로 보(步)를 벌려 서서, 왼발이 앞쪽에 있고 오른발이 뒤쪽에 있으며, 왼손은 창의 중간 부위를 잡고서 앞쪽에 있고, 오른손은 창대의 끝 부위를 잡고서 허리부위에 위치한다.(그림 17)

(그림 17)

1. 오른손이 뒤쪽으로 향하여 창을 빼내며, 왼손은 팔을 펴며 앞쪽으로 미끄러져서, 손을 뒤집으며 창대의 위 부위를 잡는다.[15] 오른발이

---

15) 역자註 : "손을 뒤집으며(反手)"라는 동작은 명확한 설명이 없으나, 손의 방향을 돌려서 잡는 동작일 수도 있겠으며, 역자의 견해로는 창을 잡는 양 손의 설명에 착오가 있는 듯 하다. 병기(兵器)를 잡는 방법은 세밀하게 구분하여 여러 종류의 방식이 있으므로, 일률적으로 적용할 수가 없다. 이 무화(舞花)동작을 예로 들면, 보(步)를 움직이며 몸을 돌리면서 무화(舞花)동작을 하므로, 보(步)를 움직이지 않는 무화(舞花)동작과는 병기

나가며, 잇달아서 몸을 좌(左)로 돌리며, 동시에 창대의 끝이 오른쪽 뒤로부터 위로 향하고 앞쪽으로 향하며, 오른손은 이에 따라 창의 중간 아래 부위로 이동하고, 왼손은 창의 위 부위를 잡으며 오른쪽 겨드랑이 아래에 도달한다. (그림 18)

(그림 18)

2. 앞 동작에 이어서, 계속하여 좌(左)로 향하여 몸을 돌리며, 창대 끝은 앞쪽에서 아래로 향하다 좌(左) 뒤쪽에 이르고, 창첨(槍尖)은 우(右) 뒤쪽에서 앞쪽으로 이르며, 양 팔은 몸 앞에서 교차하고, 오른팔이 위

를 잡는 방식이 서로 다르다. "손을 뒤집는(反手)" 동작은, 양 손 모두를 뒤집어 창대를 잡는 방식, 즉 양 손의 호구(虎口 : 엄지와 검지의 사이)가 준비자세에서는 창두(槍頭)로 향하였으나 창대 끝으로 향하도록 양 손을 방향을 돌려서 잡는 방식이거나, 혹은 오른손만 돌려서 잡을 수도 있고, 또한 동작의 과정 중에 적절하게 손을 뒤집어 잡을 수도 있겠다.

에 있다. (그림 19)

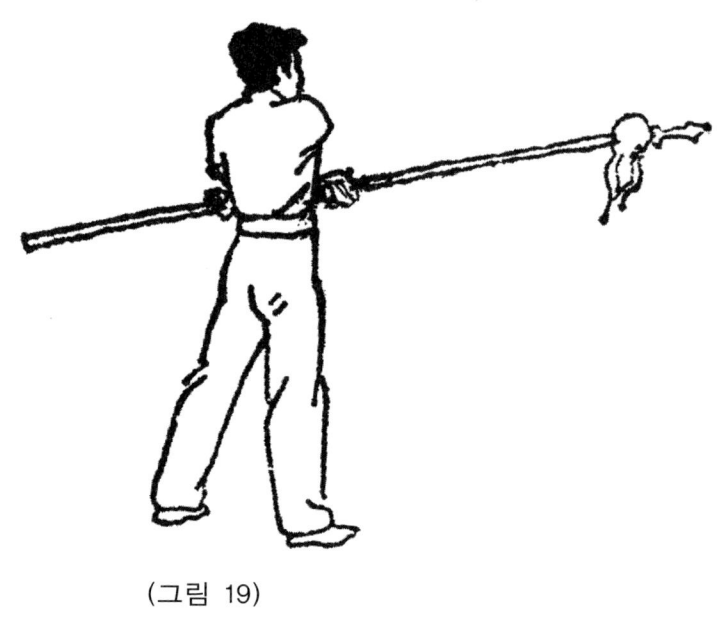

(그림 19)

3. 왼발이 나가고, 창대 끝은 좌(左) 뒤쪽으로부터 위로 향하고 앞쪽으로 향하며 아래로 향하다 좌(左) 뒤쪽으로 향하고, 창첨(槍尖)은 우(右) 앞쪽에서부터 아래로 향하다 좌(左) 뒤쪽으로 향하고 위로 향하다 앞쪽으로 향하여, 실제적으로는 창이 몸 좌측에서 세운 원(圓)으로 움직이는 것이며, 몸을 우(右)로 돌리고, 오른손은 왼쪽 겨드랑이 아래에 이른다. (그림 20)

4. 앞 동작에 이어서, 몸을 계속하여 우(右)로 돌리며, 창첨(槍尖)은 앞에서 아래로 향하고 우(右) 뒤쪽에 이르며, 창대는 좌(左) 뒤쪽으로부터 위로 향하고 좌(左) 앞쪽에 이르며, 양 팔이 교차하고, 왼팔이 위에 있다.

(그림 20)

오른발이 나가고, 몸을 좌(左)로 돌리며, 창첨(槍尖)은 우(右) 뒤쪽으로부터 위로 향하고 앞쪽으로 향하다 다시 아래로 향하고 우(右) 뒤쪽

(그림 21)

에 이르며, 창대의 끝은 좌(左) 앞쪽으로부터 아래로 향하고 뒤쪽으로 향하다 다시 위로 향하고 앞쪽으로 향한다. (그림 21)

요점

이상의 동작은 연계되어 이어지는 동작이며, 보(步)가 나가거나 몸을 돌리거나 또한 창을 휘돌리는 동작을 막론하고, 모두 협조되어 일치해야 하며, 이어져서 막힘없이 관통하고, 창을 휘돌리면 입체감(立體感)이 있어야 한다. 먼저 나누어진 동작에 따라서 그 방법을 익숙하게 한 후에 동작을 연결하며, 느리게 하다가 빠르게 한다.[16]

---

16) 역자註 : 병기(兵器) 몸체를 원형(圓形)으로 휘돌리는 수법을 "화(花)"라고 부르며, 각종 병기는 여러 종류의 화법(花法)이 있고, 무화(舞花)도 화법의 일종이다. 무화(舞花)동작을 할 때는, 병기의 양 끝을 빙빙 돌려 움직이게 하는 중심 축(軸)의 "지름(徑)" 즉 축경(軸徑)이 가능한 작아야 하는데, 이 축경(軸徑)의 대소(大小)는 양 손이 병기를 잡을 때의 양 손 사이의 거리와 잡는 위치를 이동하는 거리를 말한다. 병기를 잡은 양 손 사이의 거리가 크면, 축심(軸心)의 직경이 커지므로 돌아 움직이는 반경(半徑)이 상대적으로 감소하여 짧아지고, 회전의 관성(慣性)도 상대적으로 작아지며, 또한 양 손이 힘을 합해 집중하는 데에도 영향을 미쳐서, 양 팔이 원활히 돌아 움직임에도 영향을 미친다. 잡는 위치를 이동하는 거리가 크면, 병기의 몸체가 돌면서 이루는 원(圓)이 상하(上下)로 오르내리거나 좌우(左右)로 흔들릴 수 있어, 화법(花法)의 궤적이 난잡하여 질서가 없고, 또한 궤적을 따라 휘돌리는 관성(慣性)을 잃게 되어, 휘돌아 움직이는 속도에 영향을 미친다. 그러므로 무화(舞花)의 관건은 축경(軸徑)을 축소하는 것이다. 병기의 종류나 화(花)하는 방식이 다양하므로 화법(花法)의 요령을 일률적으로 규정할 수는 없겠으나, 무화(舞花)의 과정 중에는 손목관절의 각도를 가능한 그대로 유지하며, 손목부위는 팔의 움직임에 따라서 움직이고, 팔은 몸체의 움직임에 따라서 움직이며, 이처럼 하여서 손목에 활동여지를 남겨두어야만 병기를 휘돌릴 때 병기를 재촉하여 가속

39

　이상은 창법연습 중의 몇 가지 기본동작이며, 보형(步型)을 배합하여 연습을 진행할 수 있다. 먼저 조급하지 않아야 하며, 동작요령을 성실하게 파악하고, 그러한 후에 다시 느린 동작으로부터 빠른 동작으로 연습한다. 이러한 동작을 잘 수련하면, 투로(套路)를 배움에 매우 이롭다.

　하는 힘을 쓸 수 있다. 이 무화창(舞花槍)처럼 "세운 원형(立圓)"의 무화(舞花)과정 중에 힘을 발출하며 가속하여 휘돌리는 시기는, 창첨(槍尖)이나 창대의 끝이 뒤쪽으로부터 앞쪽으로 향하여 돌면서, 창첨과 창대 끝의 회전궤적인 "세운 원형(立圓)"의 축심(軸心)에 가상으로 세운 수직선을 약간 넘어서는 때이며, 이때 몸체와 팔이 가속하는 힘을 쓰며, 손목은 힘을 축심(軸心)에 가하며 병기몸체를 재촉하여 휘돌린다. 무화창(舞花槍)의 용법에 대해 흔히 말하기를, 휘둘러서 화살을 막아 몸을 보호하는 수법이라고 하나, 이것은 문외한이 지어낸 말이며 신빙성이 적다. 세운 원형으로 휘두르는 무화창(舞花槍)은, 비스듬한 앞쪽 방향에서 찔러오는 상대방의 척창(刺槍)에 대응하여 격(格)·란(攔)·발(撥) 등의 수법으로 타파하거나, 혹은 비스듬히 아래로 찔러오는 척창(刺槍)에 대응하여 괘(掛)·발(撥)·삭(削) 등의 수법으로 막아내는 용법으로 볼 수 있다.

4. 매화창(梅花槍) 투로(套路) 동작명칭

(1) 기세(起勢)

예비식

1. 금창(金槍)이 땅에 닿아있어 방어하기 뛰어나다
   (金槍點地防高强)

(2) 투로동작

1. 흰 뱀이 굴에서 나와 가슴으로 달려들다
   (白蛇出洞奔中膛)
2. 검은 용이 꼬리를 흔들어 좌우로 방어하다
   (烏龍擺尾左右防)
3. 사자가 머리를 흔들며 아래로 공격하다
   (獅子搖頭取下方)
4. 몸을 돌이켜 보(步)가 나가고 두 차례 벌리다
   (回身行步兩分張)
5. 세 차례 휘돌리며 아래로 찌르다
   (三環套月向下刺)
6. 큰 구렁이가 몸을 뒤집어 창을 받쳐 들다
   (巨蟒翻身架上槍)

7. 말을 돌려 창을 찌르니 돌연하여 막기 어렵다
　　(回馬一槍猝難防)
8. 봉황이 머리를 끄덕여 인후(咽喉)를 공격하다
　　(鳳凰點頭取咽喉)
9. 말뚝 하나로 들보를 받치며 원앙각(鴛鴦脚)을 차다
　　(單樁架梁鴛鴦脚)
10. 나아가기 위해 물러서며 말머리를 돌리다
　　(以退爲進回馬槍)
11. 제비가 물을 스치며 정탐하여 떠보다
　　(燕子抄水探海勢)
12. 보(步)가 나가며 연이어 도르래를 쳐들어 올리다
　　(上步連環挑滑車)
13. 가로막고 제압하며 창을 찔러 가슴을 공격하다
　　(攔拿扎槍取中膛)
14. 물러나며 몸을 돌려 비장의 수를 쓰다
　　(撤步回身殺手鐧)
15. 유성(流星)이 달을 쫓듯 빠르게 창을 휘돌리다
　　(流星赶月舞花上)
16. 소진(蘇秦)이 검을 짊어지고 창대로 후려쳐 해치다
　　(蘇秦背劍劈把傷)
17. 새매가 몸을 뒤집고 막대기를 후려쳐 누르다
　　(鷂子翻身劈壓棒)
18. 유성(流星)이 달을 쫓듯 빠르게 창을 휘돌리다
　　(流星赶月舞花上)

19. 검은 용이 꼬리를 흔들어 좌우로 방어하다
   (烏龍擺尾左右防)
20. 흰 구렁이가 굴에서 나와 개울을 뛰어넘다
   (白蟒出洞躍山澗)
21. 몸을 뒤집으며 모친을 구하려 화산을 쪼개다
   (翻身救母劈華山)
22. 힘이 천근을 지탱하고 가슴을 찌르다
   (力支千斤刺中膛)
23. 유성(流星)이 달을 쫓듯 빠르게 창을 휘돌리다
   (流星赶月舞花上)
24. 새매가 몸을 뒤집으며 또 창을 휘두르다
   (鷂子翻身又一槍)
25. 보(步)가 나가며 말 매는 장대를 좌(左)로 밀쳐내다
   (上步左推攔馬棒)
26. 보(步)를 물러나며 창을 쳐들어 가슴을 쑤시다
   (撤步行者挑胸膛)
27. 금빛 닭이 외발로 서며 아래로 찍다
   (金鷄獨立點下方)
28. 보(步)가 나가고 위로 덮씌우며 배를 차다
   (上步蓋頂踢腹上)
29. 금빛 용(龍)이 머리를 흔들며 가슴으로 돌진하다
   (金龍搖頭奔胸膛)
30. 창을 휘돌리고 보(步)를 포개며 아래로 공격하다
   (舞花套步取下方)

31. 흰 원숭이가 몸을 돌리며 눈썹을 그리다
    (白猿轉身掃眉槍)

32. 창대로 연속하여 아래를 휩쓸어버리다
    (橫掃下路連環把)

33. 새매가 몸을 뒤집으며 가슴으로 돌진하다
    (鷂子翻身奔中膛)

34. 몸을 돌리며 창을 꿰어 인후(咽喉)를 봉쇄하다
    (回身串槍鎖咽喉)

35. 물밀듯 퍼져나가며 용이 꼬리를 흔들다
    (倒海翻江龍擺尾)

36. 바람이 낙엽을 쓸듯 사나운 위세가 신통하다
    (順風掃葉劈天靈)

37. 재빠르게 창을 휘돌리고 보(步)를 포개며 찌르다
    (流星舞花套步刺)

38. 몸을 돌리며 말을 막아 장대로 쳐서 기를 꺾다
    (回身攔馬殺威棒)

39. 날뛰는 말을 돌이켜 막아 다시 한번 치다
    (反攔驚馬又一棒)

40. 운무(雲霧)가 꼭대기를 덮듯 창대를 선회하여 공격하다
    (雲霧罩頂回把傷)

41. 잡는 법을 바꾸고 정보(丁步)가 되며 아래로 찌르다
    (換把丁步向下戳)

42. 바람이 남은 구름을 단숨에 휘말아 가고 다시 창을 찌르다
    (風卷殘雲再刺槍)

43. 유성(流星)이 달을 쫓듯 빠르게 창을 휘돌리다
    (流星趕月舞花上)
44. 모두 이겨 크게 승리를 거두며 "란나찰(攔拿扎)"하다
    (大獲全勝"攔拿扎")

(3) 수세(收勢)

5. 매화창(梅花槍) 투로 설명

(1) 기세(起勢)

예비식

 양 발은 보(步)를 나란히 합하여 서서, 오른손이 창을 잡아 쥐고, 창대 끝이 땅에 닿으며, 창은 몸 우측(右側)에 기대어 세우고, 왼손 다섯 손가락은 몸 좌측(左側)에 한데 모아서 늘어뜨리며, 눈은 수평으로 똑바로 앞쪽을 바라본다.(그림 1)

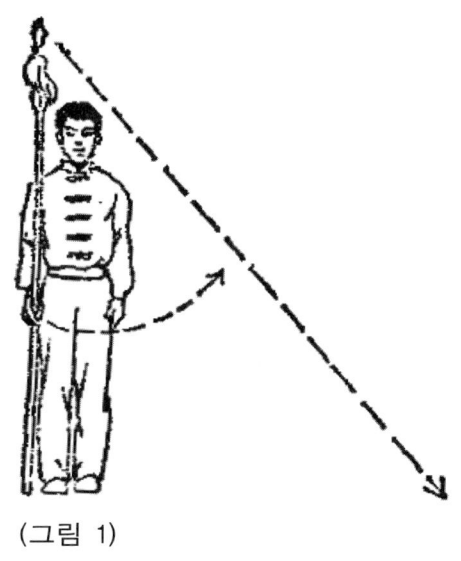

(그림 1)

1. 금창(金槍)이 땅에 닿아있어 방어하기 뛰어나다
   (金槍點地防高强)

 (1) 몸을 좌(左)로 향해 90도 돌리며, 동시에 오른손은 창을 앞쪽으로

들어올리고, 왼손은 창대의 끝을 잡아 쥐며, 앞쪽으로 향해 창을 보내고, 오른손은 창대를 따라서 미끄러져 창대의 끝에 이르며, 양 팔은 곧게 펴고, 창첨(槍尖)을 땅에 접촉시킨다.(그림 2)

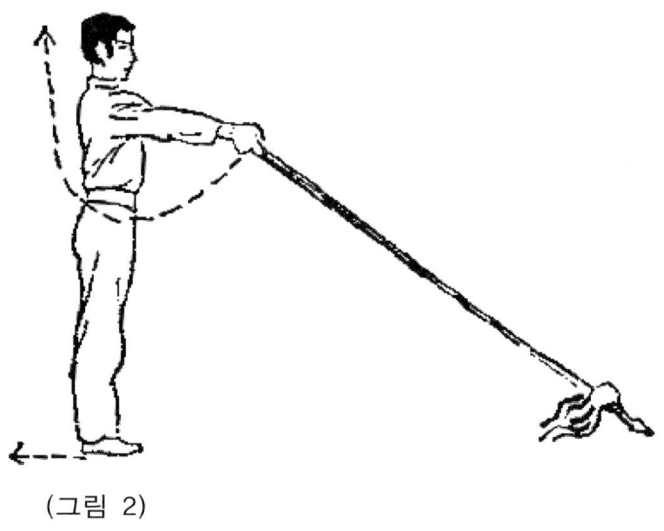

(그림 2)

요점

몸을 돌리며 앞쪽으로 향해 창을 보내고 보(步)를 나란히 합하는 동작은 동시에 완성해야 하며, 동작이 협조되어야 하고, 양 팔과 창대는 기본적으로 한 가닥 직선상에 있으며, 눈은 창첨(槍尖)을 바라본다.

(2) 오른발이 뒤로 1보 물러서며, 동시에 오른손은 창대에서 이탈하여 아래로 향하다 뒤로 향하고 위로 향해 호형(弧形 : 곡선)으로 휘둘러, 우(右) 뒤쪽 위 방향에 이르렀을 때 손바닥을 드러내 보이고, 몸체는 오른손과 오른발에 따라서 우(右)로 향하여 몸을 반쯤 돌리며, 중심(重心)을 오른발로 이동하여, 좌허보(左虛步)가 된다. 왼손은 창대의 끝을 잡고 움직이지 않는다.(그림 3)

(그림 3)

요점

오른발과 오른손을 움직이고 우(右)로 향하여 몸을 반쯤 돌리는 동작은 동시에 진행되어야 하며, 손바닥을 드러내 보이는 동작과 허보(虛步)가 되는 동작은 동시에 완성한다. 눈은 오른손의 움직임에 따르다가, 손바닥을 드러내 보일 때, 머리를 앞쪽으로 향하여 돌려서 보며, 허보(虛步)는 안정되어야 한다.

(2) 투로동작

1. 흰 뱀이 굴에서 나와 가슴으로 달려들다
(白蛇出洞奔中膛)

(1) 오른손이 창대 끝을 잡아 쥐며 뒤로 향하여 창을 뽑아내어 허리부위에 이르고, 왼손은 창대에 따라서 미끄러져 창대의 중간에 이르며 창을 움켜잡는다. 중심(重心)을 약간 들어올려 높은 좌허보(左虛步)로 변

하며, 좌우의 손은 손목을 뒤집어서, 창첨(槍尖)을 안에서 밖으로(시계 반대방향) 향해 호(弧 : 곡선)를 휘돌려 란창(攔槍) 동작을 한다. (그림 4)

(그림 4)

요점

손목을 뒤집는 동작은 촌경(寸勁)이 있어야 하며, 높은 허보(虛步)는 안정되어야 하고, 손목 힘·팔 힘·허리 힘·단전(丹田)의 힘을 한데 모아서, 힘이 창첨(槍尖)에 도달한다.

(2) 왼발이 앞으로 1보 나가서, 좌궁보(左弓步)가 되고, 좌우 손은 손목을 뒤집으며, 창첨(槍尖)을 안으로(시계 방향) 향해 호(弧)를 휘돌려, 나창(拿槍) 동작을 한다. (그림 5)

요점

좌우 손이 안으로 향하여 손목을 뒤집을 때, 촌경(寸勁)이 있어야 하

(그림 5)

며, 팔 힘·손목 힘·허릿심이 한 기세(氣勢)로 관통하고, 힘이 창첨(槍尖)에 도달한다.

(3) 중심(重心)을 앞으로 이동하여 왼발에 이르고, 오른발이 앞으로 나가 발등을 사용하여 왼다리 무릎의 굽어진 곳에 '끼워 채우며(扣)', 왼다리는 반쯤 웅크려 앉고, 동시에 오른손은 힘을 들여 앞쪽으로 향

(그림 6)

하여 수평으로 창을 "찌르며(扎)", 오른팔을 곧게 펴고, 왼손은 미끄러져 창대 끝에 이르며, 창은 어깨와 같은 높이이다. (그림 6)

요점

앞쪽으로 향해 창을 보내고, 무릎에 끼워 채우는 동작은 동시에 완성해야 하며, 평형(平衡)을 유지해야 하고, 창을 보내는 동작은 촌경(寸勁)을 사용해야 하며, 힘이 창첨(槍尖)에 도달해야 하고, 무릎에 끼워 채우는 동작은 빨라야 하고 안정되어야 한다.

2. 검은 용이 꼬리를 흔들어 좌우로 방어하다
   (烏龍擺尾左右防)

(1) 오른발을 우측(右側) 뒤로 향하여 반보(半步) 물러서며, 왼발이 잇달아 우측(右側)으로 향해 반보 나가서, 높은 좌허보(左虛步)가 되며, 동시에 오른손은 뒤로 창을 빼내고, 왼손은 팔을 펴서 앞으로 미끄러

(그림 7)

지며, 창을 빼내면서 왼손은 손목을 뒤집어, 창첨(槍尖)이 좌(左)로부터 아래로 향하고 우(右)로 향해 권(圈)을 휘돌아(시계 반대방향), 어깨와 수평이 되려고 할 때, 양 손이 힘을 들여 우(右)로 향하여 붕창(崩槍)한다. (그림 7)

요점

붕창(崩槍)과 높은 허보(虛步)가 되는 동작은 동시에 완성해야 하며, 왼손이 손목을 뒤집으며 붕창(崩槍 : 창을 튀어 올리기)하는 동작은 촌경(寸勁)을 사용해야 하고, 왼손으로써 힘을 지탱하는 지렛목 거점으로 삼으며, 허리의 경(勁)과 손목 힘 그리고 팔 힘 등을 사용하고, 힘이 창첨(槍尖)에 도달한다.

(2) 왼발이 좌측(左側) 뒤로 향하여 반보(半步)를 성큼 나가고, 오른발이 잇따라서 앞으로 나가 왼발 앞에 이르러, 높은 우허보(右虛步)가 되

(그림 8)

며, 동시에 왼손으로써 축(軸)을 삼아서, 오른손이 창대 끝을 잡고 "작은 권(小圈)"을 휘돌아서, 창첨(槍尖)은 "큰 권(大圈)"으로 휘돌게(시계방향) 하며, 그러한 후에 왼손이 손목을 뒤집으며 힘을 들여 밖으로 붕창(崩槍)하여, 창은 어깨와 같은 높이로 수평이고, 오른손은 창대 끝을 잡아 왼쪽 겨드랑이 아래에 이른다. (그림 8)

요점

밖으로 향하여 붕창(崩槍)하는 동작은 왼손과 왼팔의 힘에 전부 의거하며, 중심(重心)이 안정되도록 주의해야 한다.

(3) 오른발이 우측(右側) 뒤로 향하여 1보 나가고, 왼발이 잇달아 오른발 앞으로 나가며, 높은 좌허보(左虛步)가 되고, 왼손은 위쪽으로 향하여 손목을 뒤집으며, 창첨(槍尖)을 큰 권(圈)으로 휘돌려 안으로(시계 반대방향) 향하여 붕창(崩槍)하고, 창은 어깨와 같은 높이이다. (그림 9)

(그림 9)

요점

붕창(崩槍)과 높은 허보(虛步)가 되는 동작은 동시에 완성하며, 왼손이 손목을 뒤집으며 붕창(崩槍)하는 동작은 촌경(寸勁)을 사용해야 하고, 높은 허보(虛步)는 안정되어야 한다.

3. 사자가 머리를 흔들며 아래로 공격하다
   (獅子搖頭取下方)

(1) 왼발이 앞으로 반보 나가고, 동시에 오른손을 허리부위로 거두어 들이며, 왼손은 안으로 향해(시계 방향) 손목을 뒤집으며 아래로 향해 창을 "누른다(壓)". (그림 10)

(그림 10)

요점

좌보(左步)가 나갈 때 중심(重心)이 앞쪽으로 이동하고, 손목을 뒤집으며 창을 누르는 동작은 촌경(寸勁)을 사용해야 하고, 왼팔을 곧게 펴며, 창첨(槍尖)은 약간 낮고, 눈은 창첨(槍尖)을 바라본다.

(2) 오른발이 보(步)를 나가 왼발 앞에 이르고, 양 다리를 굽혀서, 왼다리 무릎이 오른다리 무릎 아래에 오며, 오른발 발끝을 밖으로 벌리고, 뒤쪽 발의 발바닥 앞부분을 땅에 붙여 개보(蓋步)가 되며, 좌우 손은 손목을 뒤집으면서, 안에서 밖으로(시계 반대방향) 향하여 란창(攔槍)하고, 눈은 창첨(槍尖)을 바라본다. (그림 11)

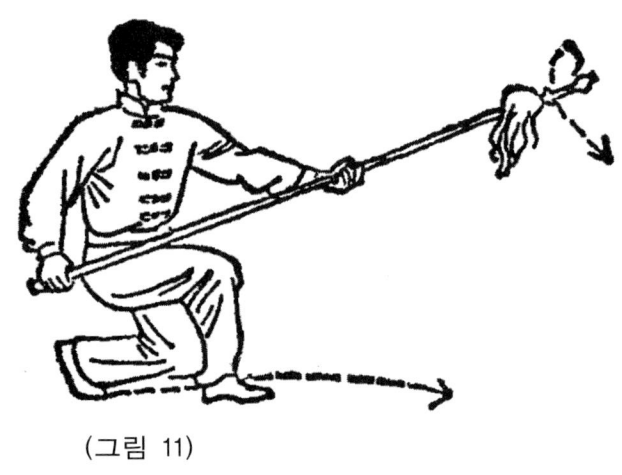

(그림 11)

요점

개보(蓋步)가 되는 동작과 란창(攔槍) 동작은 동시에 완성해야 하며, 개보(蓋步)는 안정되어야 한다.

(3) 왼발이 나가서 좌궁보(左弓步)로 변하고, 좌우 손은 밖에서 안으로(시계 방향) 향하여 손목을 뒤집어, 나창(拿槍)한다. (그림 12)

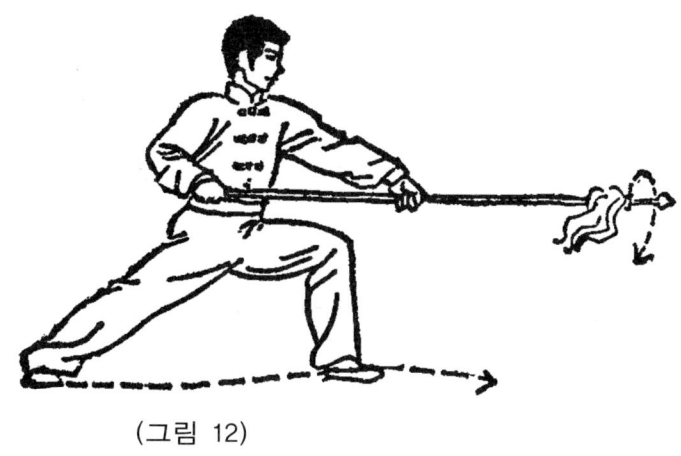

(그림 12)

요점

보(步)가 나가서 궁보(弓步)로 변하는 동작과 나창(拿槍) 동작은 동시에 완성한다.

(4) 오른발이 보(步)를 나가 왼발 앞에 이르고, 개보(蓋步)가 되며, 좌우 손은 손목을 뒤집어, 안에서 밖으로(시계 반대방향) 향하여 란창(攔槍)하고, 눈은 창첨(槍尖)을 바라본다. (그림 13)

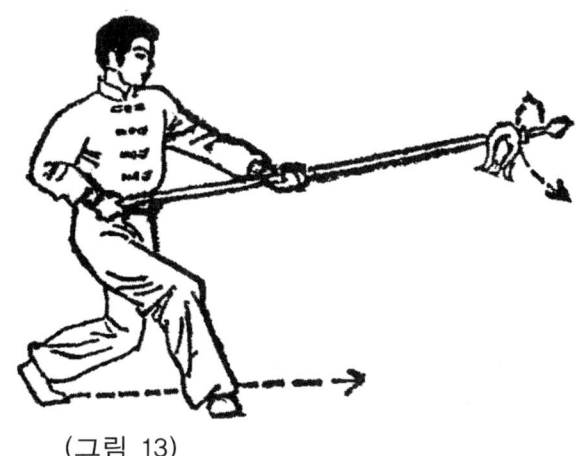

(그림 13)

요점

개보(蓋步)가 되는 동작과 란창(攔槍) 동작은 동시에 완성하며, 개보(蓋步)는 안정되어야 한다.

(5) 왼발이 큰 1보를 나가서 좌궁보(左弓步)가 되며, 좌우 손은 손목을 뒤집어, 밖에서 안으로 향하고 아래로 향해(시계 방향) 창을 "누른다(壓)". (그림 14)

(그림 14)

요점

궁보(弓步)가 되는 동작과 창을 누르는 동작은 동시에 완성한다.

(6) 몸을 뒤로(右로) 향해 돌리며, 우궁보(右弓步)로 변하고, 창을 들어올린 후 다시 창을 "누르며(壓)", 오른팔 팔꿈치를 들어올리고, 왼팔을 곧게 펴며 창을 뒤쪽 비스듬한 아래로 향하여 가슴 좌측(左側)에 접근하고, 머리가 뒤쪽으로 향하며, 눈은 창첨(槍尖)을 바라본다. (그림 15)

(그림 15)

요점

몸을 돌리며 창을 누르는 동작과 머리를 돌리는 동작은 동시에 진행한다.

4. 몸을 돌이켜 보(步)가 나가고 두 차례 벌리다
   (回身行步兩分張)

(1) 중심(重心)을 앞으로 이동하고, 몸을 조금 앞으로 기울이며, 중심(重心)을 이동하여 오른다리에 이르렀을 때, 왼발은 땅을 박차며 들어올려서, 발바닥이 위쪽으로 향하고, 창의 위치는 바뀌지 않는다. (그림 16)

요점

몸을 앞으로 기울이는 동작과 왼발이 땅을 박차는 동작은 동시에 진행하며, 땅을 박찰 때 발바닥 앞부분의 촌경(寸勁)을 사용하고, 몸은 평

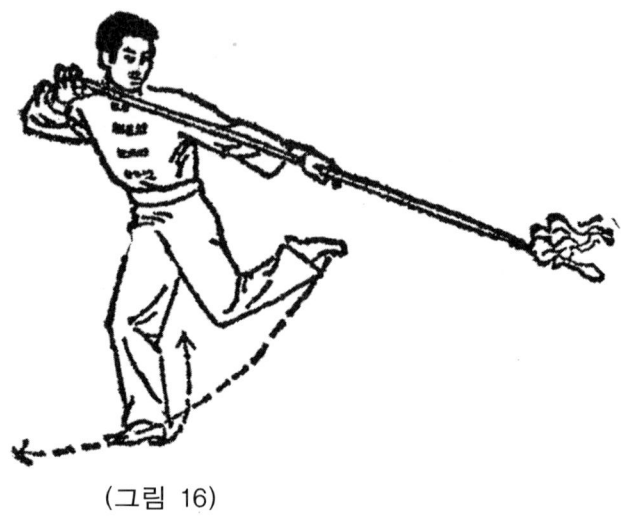

(그림 16)

형을 유지해야 한다.

(2) 왼발을 오른발 앞에 내리고, 중심(重心)이 왼다리에 있으며, 오른발의 발바닥 앞부분이 땅을 박차 들어올려서 발바닥이 위쪽으로 향한다. (그림 17)

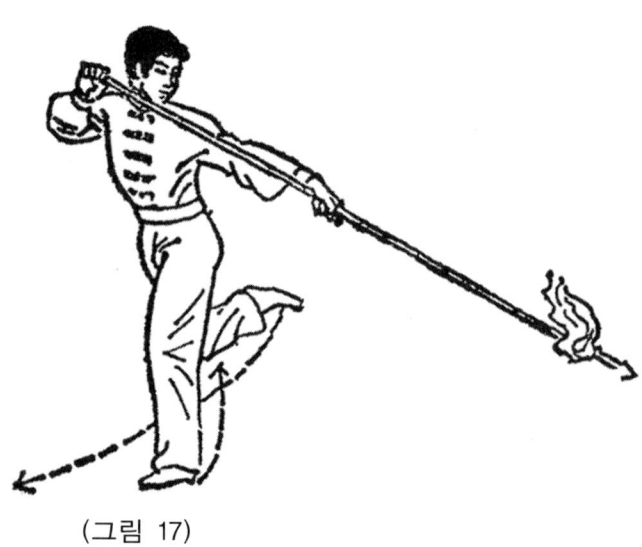

(그림 17)

요점

땅을 박찰 때 촌경(寸勁)을 사용하며, 평형을 유지한다.

(3) 오른발을 왼발 앞에 내리고, 중심(重心)을 오른다리로 이동하며, 왼발이 땅을 박차고, 발바닥이 위쪽으로 향한다. (그림 18)[17]

(그림 18)

요점

땅을 박찰 때 촌경(寸勁)을 사용하며, 평형을 유지한다.

---

17) 역자註 : 오른손이 창을 뽑아 올린 후 다시 찔러 내린다. 그림 16부터 그림 20까지의 다리를 뒤로 들어올리는 자세는, 상체와 들어올리는 다리가 몸의 배면으로 휘어지는 정도나 다리를 들어올리는 자세가 다양하도록 변화 있게 수련하며, 들어올린 발의 발바닥은 수평이 되고, 특히 발바닥의 좌우가 수평이 되도록 주의하여 자세를 취한다.

(4) 왼발을 앞으로 내리며, 오른발은 땅을 박차고 발바닥이 위쪽으로 향한다. (그림 19)

(그림 19)

요점

땅을 박찰 때 촌경(寸勁)을 사용하며, 평형을 유지한다.

(5) 오른발을 앞으로 내리며, 왼발은 땅을 박차고, 발바닥이 위쪽으

(그림 20)

로 향한다. (그림 20)

요점

땅을 박찰 때 촌경(寸勁)을 사용하며, 평형을 유지한다.

(6) 뒤쪽으로 향하여 세차게 몸을 돌리며, 왼발은 좌측(左側)으로 내려가 큰 1보를 나가서, 좌궁보(左弓步)가 되고, 왼손은 안에서 밖으로 (시계 반대방향) 향하여 권(圈)을 휘돌려 붕창(崩槍)하며, 오른손은 창대 끝을 잡고 왼쪽 겨드랑이 아래에 놓는다. (그림 21)

(그림 21)

요점

몸을 돌리는 동작은 재빨라야 하며, 왼발을 내리는 동작은 안정되고 정확해야 하며, 궁보(弓步)가 되는 동작과 붕창(崩槍)은 동시에 완성해야 한다.

(7) 오른발이 우(右)로 향하여 1보 나가고, 왼발이 잇달아 나가서, 발 끝이 땅에 닿고, 양 다리는 조금 굽히며, 정보(丁步)가 되고, 왼손은 위쪽으로 향하여 손목을 뒤집으면서, 창첨(槍尖)은 큰 권(圈)으로 휘돌고 창대 끝은 작은 권(圈)으로 휘돌며, 밖으로(시계 반대방향) 향해 붕창(崩槍)하고, 창은 어깨와 같은 높이이다. (그림 22)

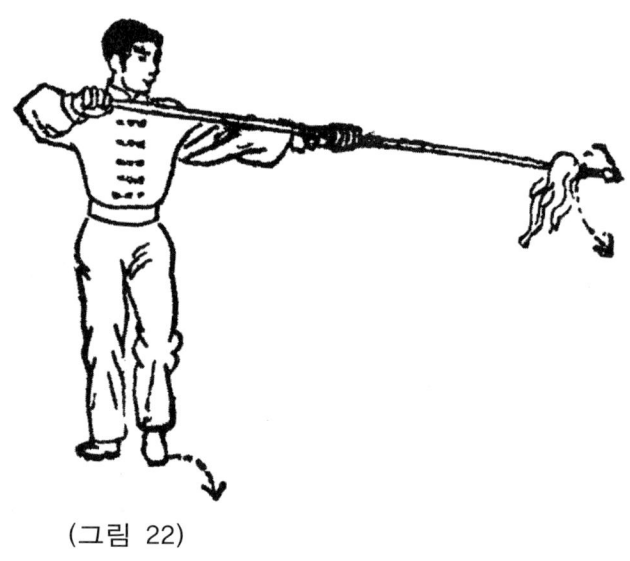

(그림 22)

요점

오른발이 보(步)가 나가는 동작과 창첨(槍尖)을 큰 권(圈)으로 휘돌리는 동작은 동시에 진행하고, 왼발이 잇달아 나가서 정보(丁步)를 이루는 동작과 밖으로 붕창(崩槍)하는 동작은 동시에 완성하며, 정보(丁步)는 안정되어야 한다.

5. 세 차례 휘돌리며 아래로 찌르다
   (三環套月向下刺)

(1) 왼발이 몸 앞쪽으로 향해 1보 나가서, 앞으로 향한 좌궁보(左弓步)가 되고, 창첨(槍尖)은 밖에서 안으로(시계 방향) 향하여 권(圈)을 휘돌며, 왼팔은 힘을 들여 측면 앞쪽 아래로 창을 "누른다(壓)". 눈은 창첨(槍尖)을 바라보며, 몸은 조금 좌(左) 앞쪽으로 향해 기울어진다. (그림 23)

(그림 23)

요점

궁보(弓步)가 되는 동작과 창을 누르는 동작은 동시에 완성하고, 창을 누르는 동작은 왼팔이 힘을 들이는 이외에, 또한 허리의 힘과 보(步)가 나갈 때의 관성(慣性)을 빌어 이용해야 하며, 힘이 창첨(槍尖)에 도달한다.

(2) 왼발이 좌측(左側)으로 향하여 1보 나가서, 높은 좌허보(左虛步)가 되며, 창첨(槍尖)은 밖에서 안으로 향하여 호(弧)를 휘돌며, 좌우 손은 손목을 뒤집어, 안으로(시계 방향) 향해 나창(拿槍)하고, 눈은 창첨(槍尖)을 바라본다. (그림 24)

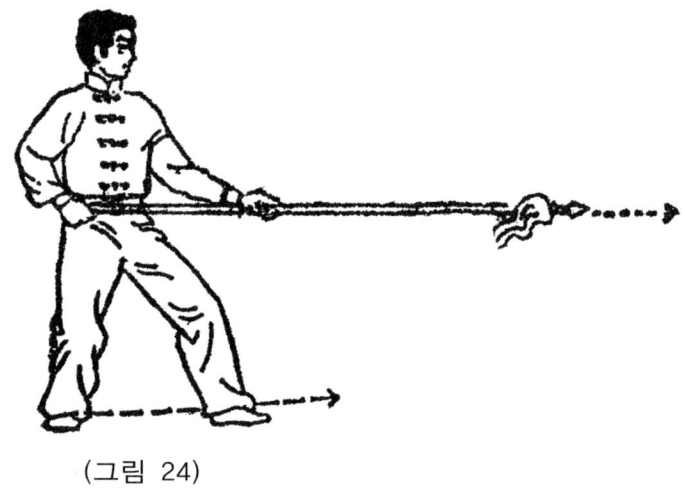

(그림 24)

요점

측면으로 향해 보(步)가 나가서 높은 허보(虛步)로 변하는 동작은 안정되어야 하고, 창을 이동하는 폭이 비교적 크며, 창을 이동하는 과정 중에 나창(拿槍)을 완성한다.

(3) 오른발이 왼다리 뒤로 보(步)를 끼어들어 나가고, 중심(重心)을 아래로 내려서, 삽보(插步)가 되며, 동시에 오른손은 힘을 들여 앞쪽 아래 방향으로 향해 창을 보내어 찰창(扎槍 : 찌르기)하고, 왼손은 창대에 따라서 창대 끝에 이르러 오른손 앞에 오며, 양 팔은 모두 곧게 펴고, 눈은 창첨(槍尖)을 바라본다. (그림 25)

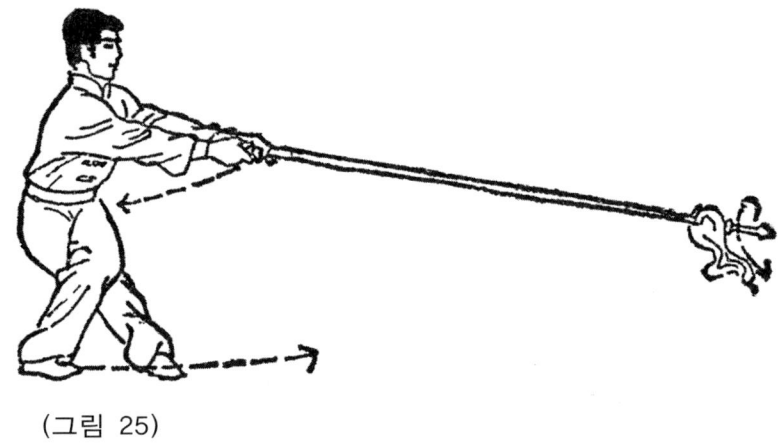

(그림 25)

요점

오른발이 뒤로 끼어드는 동작은 빠르고 안정되어야 하며, 삽보(插步)가 되면서 중심(重心)을 아래로 내리며 창을 찌르는 동작은 동시에 완성해야 하고, 협조되도록 주의한다.

(4) 왼발이 앞으로 향해 보(步)를 나가 좌궁보(左弓步)가 되며, 오른손은 창을 빼내어 창대 끝이 허리부위에 이르고, 왼손은 창의 중간부위

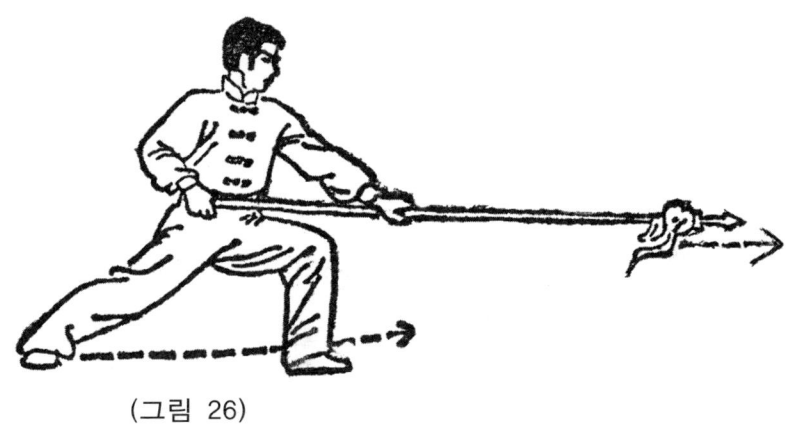

(그림 26)

를 잡으며, 오른손이 창을 빼내는 과정 중에 왼손은 아래로 향하여 손목을 뒤집어서, 창첨(槍尖)을 밖에서 안으로(시계 방향) 향하고 아래로 향해 호(弧)를 휘돌리며 압창(壓槍)한다. (그림 26)

요점

　보(步)를 나가서 좌궁보(左弓步)가 되는 동작과 압창(壓槍)은 동시에 완성하고, 좌궁보(左弓步)는 안정되어야 하며, 창첨(槍尖)은 약간 낮다.

　(5) 오른발이 왼다리 뒤로 보(步)를 끼어들어 나가고, 중심(重心)을 아래로 내려서, 삽보(插步)가 되며, 동시에 오른손은 힘을 들여 앞쪽 아래 방향으로 향해 창을 보내어 찰창(扎槍)하고, 왼손은 창대에 따라서 창대 끝에 이르러 오른손 앞에 오며, 양 팔은 모두 곧게 펴고, 눈은 창첨(槍尖)을 바라본다. (그림 27)

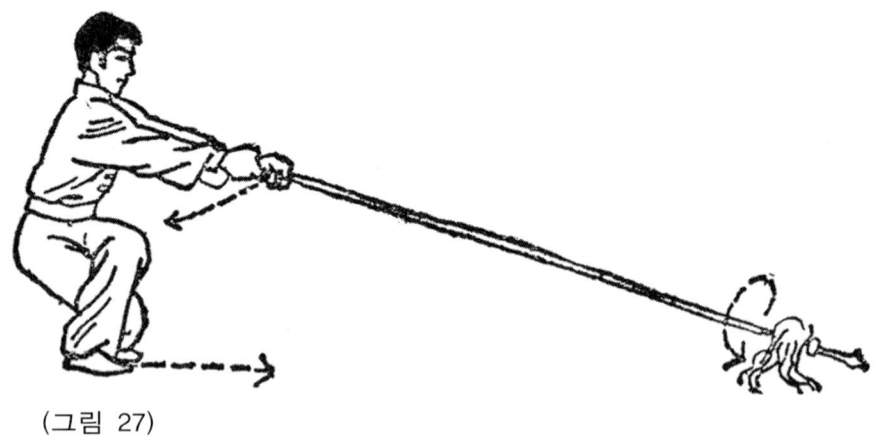

(그림 27)

요점

오른발이 뒤로 끼어드는 동작은 빠르고 안정되어야 하며, 삽보(插步)가 되면서 중심(重心)을 아래로 내리며 창을 찌르는 동작은 동시에 완성해야 하고, 협조되도록 주의한다.

(6) 왼발이 앞으로 향해 1보 나가 좌궁보(左弓步)가 되며, 오른손은 뒤로 되돌려 창을 빼내어 창대 끝이 허리부위에 이르고, 왼손은 창의 중간부위를 잡으며, 오른손이 창을 빼내는 과정 중에 왼손은 아래로 향하여 손목을 뒤집어서, 창첨(槍尖)을 밖에서 안으로(시계 방향) 향하고 아래로 향해 호(弧)를 휘돌리며 압창(壓槍)한다. (그림 28)

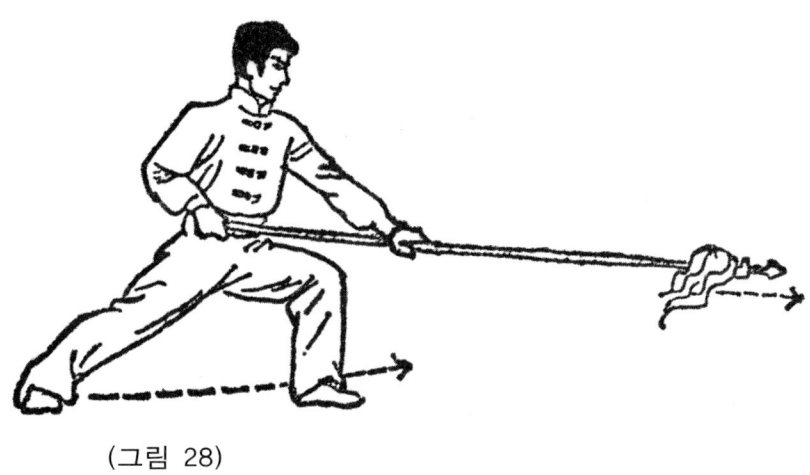

(그림 28)

요점

보(步)를 나가서 좌궁보(左弓步)가 되는 동작과 압창(壓槍)은 동시에 완성하고, 좌궁보(左弓步)는 안정되어야 하며, 창첨(槍尖)은 약간 낮다.

(7) 오른발이 왼다리 뒤로 보(步)를 끼어들어 나가고, 중심(重心)을 아래로 내려서, 삽보(插步)가 되며, 동시에 오른손은 힘을 들여 앞쪽 아래 방향으로 향해 창을 보내어 찰창(扎槍)하고, 왼손은 창대에 따라서 창대 끝에 이르러 오른손 앞에 오며, 양 팔은 모두 곧게 펴고, 눈은 창첨(槍尖)을 바라본다. (그림 29)

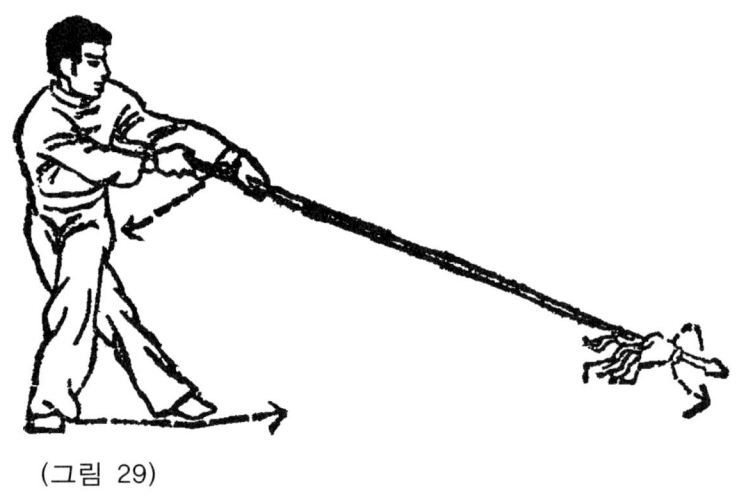

(그림 29)

요점

오른발이 뒤로 끼어드는 동작은 빠르고 안정되어야 하며, 삽보(插步)가 되면서 중심(重心)을 아래로 내리며 창을 찌르는 동작은 동시에 완성해야 하고, 협조되도록 주의한다.

6. 큰 구렁이가 몸을 뒤집어 창을 받쳐 들다
(巨蟒翻身架上槍)

(1) 왼발이 앞으로 1보 나가서 좌궁보(左弓步)가 되며, 오른손은 뒤로 창을 빼내고, 왼손은 창의 중간부위를 잡으며 밖에서 안으로 향하여 손목을 뒤집으며 나창(拿槍)한다. 오른손은 우측(右側) 허리부위에 이르며, 눈은 창첨(槍尖)을 바라본다. (그림 30)

(그림 30)

요점

보(步)가 나가서 궁보(弓步)를 이루는 동작과 창을 빼내는 동작 그리고 나창(拿槍) 동작은 동시에 완성하며, 궁보는 안정되어야 한다.

(2) 오른발이 앞으로 큰 1보가 나가며, 몸을 좌(左)로 돌리고, 좌궁보(左弓步)가 되며, 오른손은 창대 끝을 잡아 앞으로 향하여 "찔러(刺)" 나가서, 어깨보다 약간 높으며, 왼손은 창대에서 이탈하여 뒤쪽 위로 올라와 머리 위에 받쳐 올리고, 눈은 창첨(槍尖)을 바라본다. (그림 31)

(그림 31)

요점

보(步)가 나가며 몸을 돌리는 동작은 신속해야 하고, 궁보(弓步)가 되며 창을 찌르고 장(掌)을 받쳐 올리는 동작은 동시에 완성해야 한다. 오른손이 창대 끝을 움켜잡는 동작은 힘이 있어야 하며, 창이 손의 통제를 벗어나지 않아야 한다.

(3) 몸을 좌(左)로 돌리며, 왼발 발끝을 밖으로 벌리고, 오른발 발바닥 앞부분을 땅에 붙여 삽보(插步)가 되며, 오른손이 창대 끝을 잡아, 몸을 돌림에 따라서 우(右) 위쪽 방향으로 이끌어 가며, 왼손은 창의 중간을 받아 쥐어, 창을 머리위에 가로놓고, 눈은 창첨(槍尖)을 바라본다. (그림 32)

요점

몸을 돌리는 동작은 신속해야 하고, 삽보(插步)는 안정되어야 하며, 몸을 돌리고 · 창을 이끌어 가며 · 창을 받아 쥐고 · 삽보(插步)가 되는 동작은 동시에 완성해야 한다. 왼손이 약간 낮다.

(그림 32)

7. 말을 돌려 창을 찌르니 돌연하여 막기 어렵다
(回馬一槍猝難防)

(1) 오른발은 땅을 박차며 들어올려서, 발바닥이 위쪽으로 향하고,

(그림 33)

왼다리는 조금 굽히며, 중심(重心)은 왼다리에 있고, 양 손은 손목을 뒤집으면서, 창을 머리 위로부터 아래로 내려, 가슴 앞에 비스듬히 가로 놓으며, 창첨(槍尖)을 낮게 숙이고, 눈은 뒤쪽으로 창첨(槍尖)을 바라본다. (그림 33)

요점

땅을 박찰 때 촌경(寸勁)이 있어야 하며, 날렵해야 하고, 몸은 평형을 유지해야 한다.

(2) 오른발을 앞으로 내리며, 동시에 왼발이 땅을 박차고, 발바닥을 들어올려 위쪽으로 향하며, 오른다리는 조금 굽히고, 중심(重心)은 오른다리에 있으며, 오른손은 우측(右側) 위쪽으로 창을 뽑아 올린다. (그림 34)

(그림 34)

요점

땅을 박찰 때 촌경(寸勁)이 있어야 하며, 날렵해야 하고, 몸은 평형을 유지해야 한다.

(3) 왼발을 앞으로 내리고, 오른발 발바닥이 땅을 박차며 들어올려 위쪽으로 향하고, 왼다리는 조금 굽히며, 중심(重心)은 왼다리에 있다. 오른손은 창을 뒤쪽 아래로 "찌른다(刺)". (그림 35)

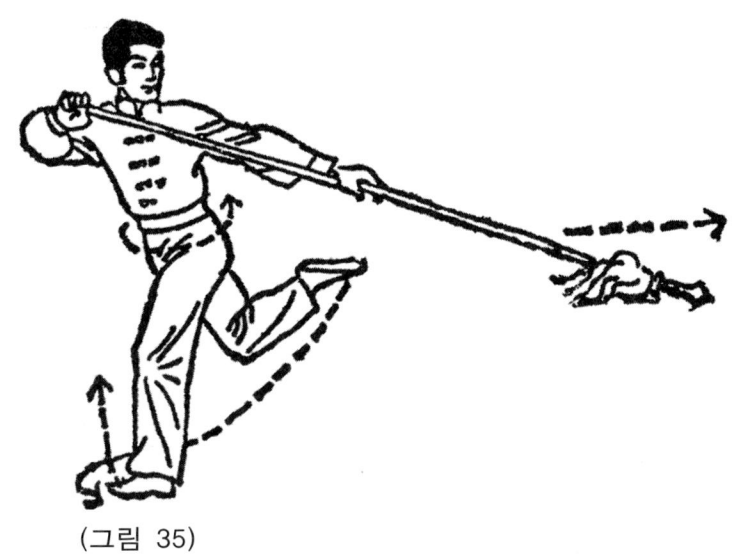

(그림 35)

요점

땅을 박찰 때 촌경(寸勁)이 있어야 하며, 날렵해야 하고, 몸은 평형을 유지해야 한다.

(4) 오른발을 앞으로 내리고 힘을 발출하며, 왼발을 뛰어 오르면서, 몸을 좌(左)로 향하여 돌리며, 위로 훌쩍 솟구치고, 오른발이 이에 따라

땅에서 떨어지며, 동시에 오른손은 힘을 들여 앞쪽으로 향해 창을 "찌르고(刺)", 양 팔은 곧게 펴며, 왼손은 창대 끝을 잡고, 오른손은 왼손 앞을 잡는다. (그림 36·37)

(그림 36)

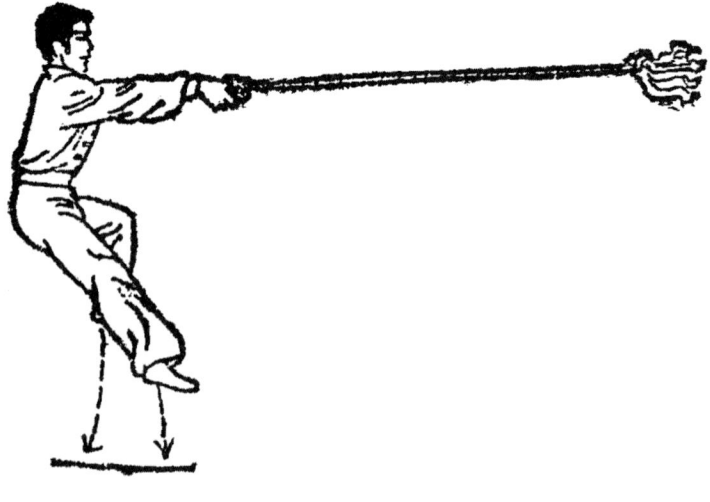

(그림 37)

요점

이것은 연속하여 이어진 하나의 동작이며, 뛰어 오르고 몸을 돌리며 창을 찌르는 동작은 동시에 진행해야 하고, 좌우의 손이 창대를 바꾸어 잡는 동작은 공중에서 진행하며, 동작은 협조되어 자유자재해야 하고, 몸은 가능한 한 위로 훌쩍 솟구친다.

(5) 왼발이 먼저 땅에 내려오고, 뒤이어 오른발이 왼발 앞에 내려오며, 높은 우허보(右虛步)가 되고, 동시에 왼손은 창을 빼내어 허리부위에 이르며, 오른손은 창대에 따라서 미끄러져 창대 중간에 이르고, 창첨(槍尖)은 약간 높다. 눈은 창첨(槍尖)을 바라본다. (그림 38)

(그림 38)

요점

땅에 내려오는 동작은 가벼이 날렵해야 하며, 높은 허보(虛步)가 되는 동작은 안정되어야 하고, 창을 빼내는 동작과 허보(虛步)가 되는 동작은 동시에 완성해야 한다.

8. 봉황이 머리를 끄덕여 인후를 공격하다
   (鳳凰點頭取咽喉)

(1) 높은 허보(虛步)는 움직이지 않고, 좌우 손은 안에서 밖으로 손목을 뒤집으며, 창첨(槍尖)을 안에서 밖으로(시계 반대방향) 향하여 호(弧)를 휘돌려 란창(攔槍)한다. 좌우 손을 안으로 손목을 뒤집으며, 창첨(槍尖)을 밖에서 안으로(시계 방향) 향하여 호(弧)를 휘돌려 나창(拿槍)한다. (그림 39)

(그림 39)

요점

높은 허보(虛步)는 안정되어야 하며, 손목을 뒤집는 동작은 촌경(寸勁)이 있어야 한다.

(2) 왼발이 나가고 몸의 중심(重心)을 앞으로 이동하며, 양 손을 들어 올려 앞쪽으로 향해 창을 보내고, 창첨(槍尖)은 약간 높다. (그림 40)

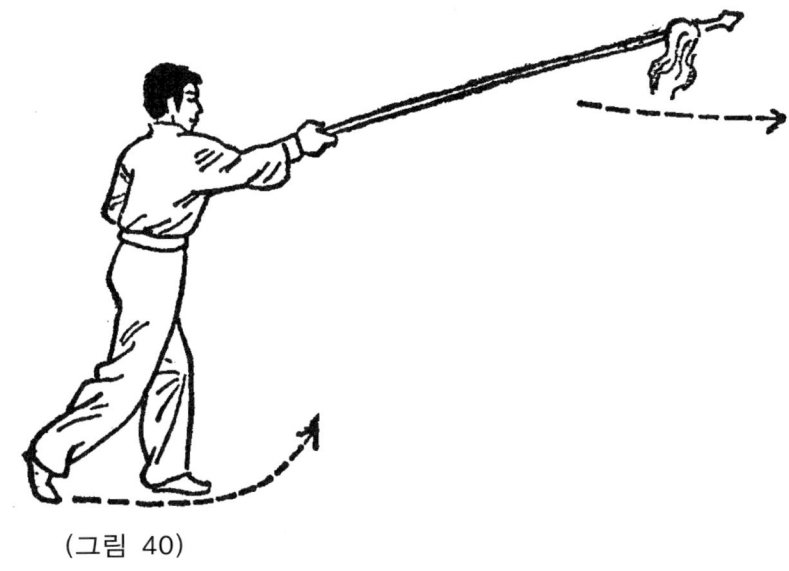

(그림 40)

요점

이것은 다른 자세로 바뀌는 중간 과정의 동작이다.

(3) 오른발이 나가며, 발꿈치를 땅에 스치면서 끌고, 땅에 부딪치며,

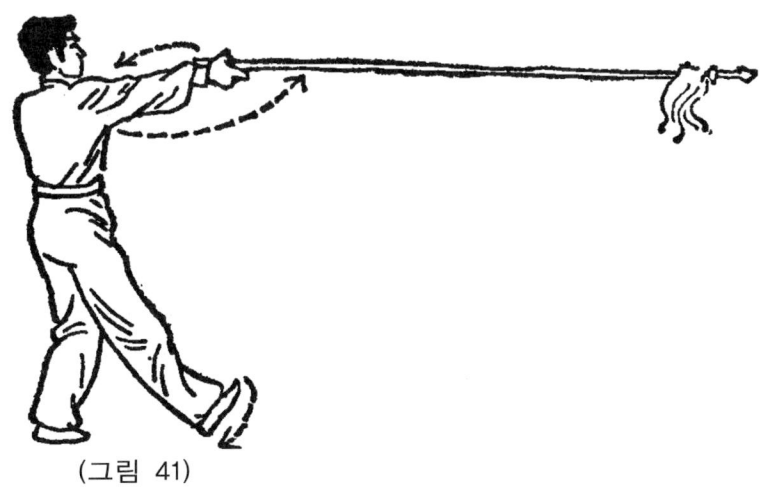

(그림 41)

왼발 앞에 내려, 발꿈치가 땅에 닿고, 발끝은 들어올리며, 오른다리는 조금 굽히고, 동시에 왼손은 힘을 들여 수평으로 찰창(扎槍)하며, 오른손이 창대 끝을 잡고, 왼손은 창대에서 이탈하여, 장(掌)으로 변하며 오른팔 팔꿈치 내측(內側)에 오고, 눈은 창첨(槍尖)을 바라본다. (그림 41)

요점

오른발 발꿈치를 땅에 부딪치는 동작은 신속해야 하며, 땅에 부딪치는 동작과 창을 찌르는 동작 그리고 창대를 잡는 손을 바꾸는 동작은 동시에 완성하고, 오른손은 반드시 잘 호응하여 보조를 맞추어야 하며, 창대 끝을 단단히 쥔다.

9. 말뚝 하나로 들보를 받치며 원앙각(鴛鴦脚)을 차다
(單椿架梁鴛鴦脚)

(1) 몸을 우(右)로 향하여 돌리고, 오른발 발끝을 밖으로 향하여 비틀

(그림 42)

어 돌리며, 왼발 발바닥 앞부분을 땅에 붙여 삽보(插步)가 되고, 중심(重心)은 오른발 상에 있으며, 오른손은 창을 빼내어 가슴 앞에 이르고, 왼손은 창대에 따라서 앞으로 향해 미끄러지며, 왼팔을 편다. (그림 42)

요점

이것은 다른 자세로 바뀌는 중간 과정의 동작이며, 몸을 돌리고 창을 빼내며 삽보(插步)가 되는 동작은 동시에 완성해야 한다.

(2) 오른손이 가슴 앞으로부터 위로 향해 호(弧)를 휘돌고, 동시에 왼손을 들어올려, 창을 머리 위로 받쳐 들며, 이때 오른다리로 지탱하면서, 왼발은 좌(左) 위쪽 방향으로 향해 힘을 들여 '튕겨(彈)' 나간다. (그림 43)

(그림 43)

요점

오른다리는 안정되게 서야 하며, 몸은 조금 우(右)로 향해 기울이나, 흔들거리지 않아야 하고, 다리를 튕겨 차는 동작은 폭발력이 있어야 하며, 높이는 어깨를 넘지 않는다.

10. 나아가기 위해 물러서며 말머리를 돌리다
(以退爲進回馬槍)

(1) 왼발을 오른발 앞쪽 방향으로 향해 내려서, 개보(蓋步)가 되고, 몸은 약간 우(右)로 돌리며, 양 손이 창을 잡은 자세는 바꾸지 않고, 눈은 창첨(槍尖)을 바라본다. (그림 44)

(그림 44)

요점

왼발이 땅에 내려오는 동작은 가벼이 날렵해야 하며 안정되어야 하고, 몸은 흔들거려서는 안 된다.

(2) 오른발이 1보 나가며, 몸을 우(右)로 돌리고, 왼손은 창대에서 이탈하여 장(掌)으로 변하며, 오른손은 창대 끝을 잡고 가슴 앞에 두며, 창첨(槍尖)은 어깨와 같은 높이이다. 눈은 창첨(槍尖)을 바라본다. (그림 45)

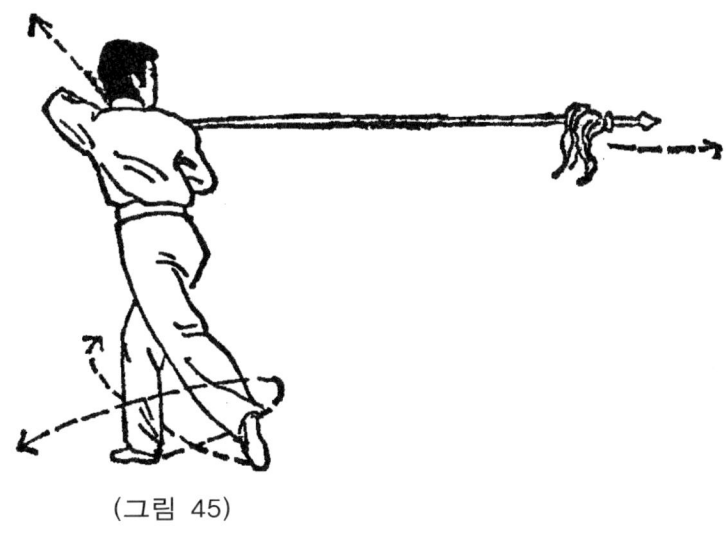

(그림 45)

요점

창의 중량(重量) 전부가 오른손에 있고, 창대 끝을 단단히 쥐어야 한다.

(3) 양 다리가 힘을 발출하여 뛰어오르고, 몸을 우(右)로 돌리며 위로 훌쩍 솟구쳐서, 오른손은 힘을 들여 앞으로 향해 수평으로 찰창(扎槍)하고, 왼손은 머리 위로 받쳐 든다. (그림 46)

(그림 46)

요점

뛰어오르며 몸을 돌리는 동작은 민첩해야 하고, 창을 찌르는 동작은 힘이 있어야 하며, 동작은 협조되어 동시에 진행해야 한다.

(4) 몸을 계속하여 우(右)로 돌리며, 오른발이 뒤에 있고 왼발이 앞에 있는 높은 좌궁보(左弓步)가 되며, 오른손은 창을 빼내어 허리부위에 이르고, 왼손은 미끄러져 창의 중간에 이르며, 이 동작의 과정 중에 좌우 손은 안에서 밖으로 향하여 손목을 뒤집어, 창첨(槍尖)을 안에서 밖으로 향하여 호(弧)를 휘돌려 란창(攔槍)한다. (그림 47)

요점

땅에 내려오는 동작은 가벼이 날렵하고 안정되어야 하며, 란창(攔槍)은 창을 빼내는 과정 중에 진행하고, 동작이 협조하여 일치하도록

(그림 47)

주의한다.

(5) 높은 궁보(弓步)는 바꾸지 않고, 좌우 손은 밖에서 안으로 향하여 손목을 뒤집으며, 창첨(槍尖)을 밖에서 안으로 향하여 호(弧)를 휘돌려 나창(拿槍)한다. (그림 48)

(그림 48)

요점

손목을 뒤집는 동작은 촌경(寸勁)이 있어야 하며, 힘은 창첨(槍尖)에 도달한다.

(6) 왼발이 앞으로 1보 나가 좌궁보(左弓步)로 변하며, 오른손은 힘을 들여 앞쪽으로 향하여 수평으로 창을 "찔러(刺)" 찰창(扎槍)한다. (그림 49)

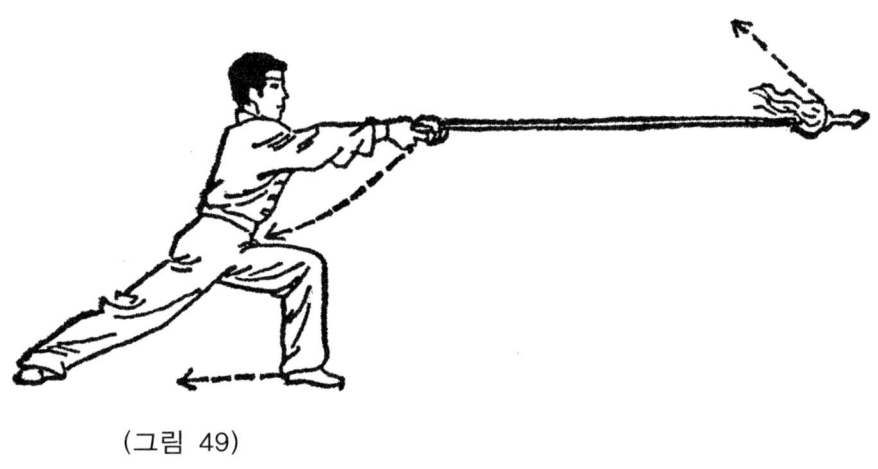

(그림 49)

요점

궁보(弓步)는 안정되어야 하며, 창을 보내는 동작은 힘을 들여야 하고, 힘이 창첨(槍尖)에 도달하며, 양 팔은 똑바르다.[18]

---

18) 역자註 : 찰창(扎槍)은 허리를 축(軸)으로 삼아, 보법(步法)이 따라붙어야 하며, 양 팔을 늘여서 멀리 공격해야 하고, 허리와 등배의 힘이 창첨(槍尖)에로 관통해야 한다. 그러나 그림 49처럼 앞쪽 손과 뒤쪽 손이 서로 접하도록 창을 완전히 최대한으로 나갈 때는 각별히 주의해야 하며, 공격

11. 제비가 물을 스치며 정탐하여 떠보다
(燕子抄水探海勢)

(1) 중심(重心)을 뒤로 이동하며, 왼발을 반보(半步) 물러나서, 높은 좌허보(左虛步)가 되고, 오른손은 뒤로 창을 빼내며, 왼손과 팔을 곧게 편 자세는 바뀌지 않고, 왼손은 힘을 지탱하는 지렛목의 거점으로 삼아, 위로 붕창(崩槍)한다. (그림 50)

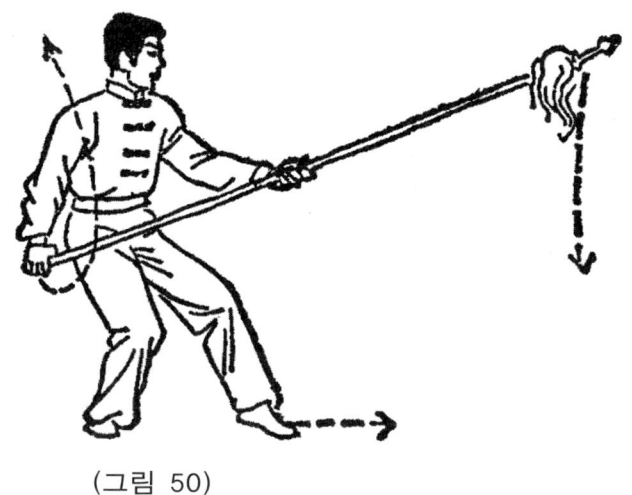

(그림 50)

하여 창이 나갈 때는 함부로 경솔히 "완전히 다 나가지(出滿)" 않는다. 그렇지 않으면 자신의 창이 적절히 변화하도록 제어할 수 없어 곤경에 빠진다. 보법(步法)을 구사하여 이리저리 움직여서 상대방으로 하여금 고정된 목표를 찾을 수 없게 하며, 특히 창술의 찰창(扎槍)수법으로 공격할 때, 보법(步法)의 이동으로써 자신의 창대와 상대방의 창대가 평행을 유지하여 一(일)자가 되어야 상대방이 쉽게 방어하지 못하고, 마찬가지로 보법(步法)의 이동으로써 자신의 창대와 상대방의 창대가 十(십)자로 교차하는 지점을 찾아야만 방어하기 유리하다. 소위 "공격하려면 一자가 되어야 하고, 방어하려면 교차점을 찾는다(進攻要一字, 防守找叉字)"라는 창술의 기본요령이다.

요점

높은 허보(虛步)는 안정되어야 하며, 위로 붕창(崩槍)하는 동작은 힘이 있어야 하고, 촌경(寸勁)을 사용해야 하며, 창첨(槍尖)은 약간 높다.

(2) 왼발을 앞으로 향하여 반보(半步) 나가고, 중심(重心)을 앞으로 이동하여, 높은 궁보(弓步)가 되며, 오른손은 밖으로 향하고 위로 향해 호(弧)를 휘돌려 머리 위에 이르며, 왼손은 기본적으로 바뀌지 않고, 왼팔을 펴며, 창첨(槍尖)은 앞쪽 아래로 향한다. (그림 51)

(그림 51)

요점

이것은 다른 자세로 바뀌는 중간 과정의 동작이며, 오른손이 창을 휘돌리는 동작은 민첩해야 하고, 다음 동작을 위하여 준비를 차질 없이 하는 것이다.

(3) 오른발이 나가고, 잇따라서 왼발이 나가 발등을 이용하여 오른다리 무릎의 굽혀진 곳에 '끼워 채우며(扣)', 오른다리는 반쯤 웅크려 앉고, 동시에 오른손은 머리 위로부터 앞쪽 아래로 향하여 찰창(扎槍)하며, 왼손은 미끄러져 창대 끝에 이르렀을 때 창대에서 이탈하여 장(掌)으로 변하여 오른손 위에 덮는다. 눈은 창첨(槍尖)을 바라본다. (그림 52)

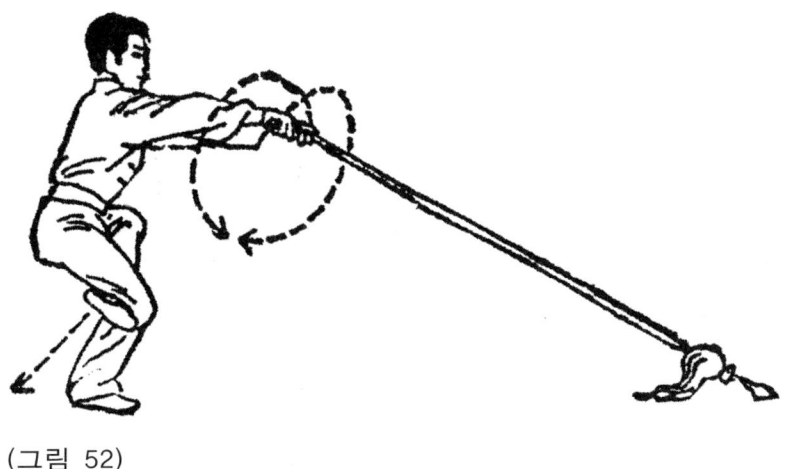

(그림 52)

요점

무릎에 끼워 채우는 동작은 안정되어야 하며, 창을 찌르는 동작은 힘이 있어야 하고, 동작은 동시에 진행해야 하며, 창첨(槍尖)이 땅에 닿는다.

(4) 왼발이 뒤로 향해 반보(半步) 내려오고, 중심(重心)을 들어올리며, 좌우 손은 각자 몸 앞으로부터 밖으로 향하다 다시 안으로 향하여 권(圈)을 휘돌아, 몸 앞에서 다시 합하고, 왼손은 오른손 앞의 창대에 놓는다. (그림 53)

(그림 53)

요점

이것은 다른 자세로 바뀌는 중간 과정의 동작이며, 양 손이 권(圈)을 휘돌릴 때 거침없이 활짝 펴야 한다.

(5) 오른발을 물러나며 중심(重心)을 뒤로 이동하여 아래로 내려 높은 좌허보(左虛步)가 되고, 오른손은 뒤로 창을 빼내며, 왼손은 미끄러

(그림 54)

져 창의 중간에 이르고, 왼손은 힘을 지탱하는 지렛목의 거점으로 삼아서, 위로 붕창(崩槍)하여, 창첨(槍尖)이 약간 높다. 눈은 창첨(槍尖)을 바라본다. (그림 54)

요점

뒤로 창을 빼내는 동작은 힘을 들여야 하며, 높은 허보(虛步)는 안정되어야 한다.

12. 보(步)가 나가며 연이어 도르래를 쳐들어 올리다
   (上步連環挑滑車)

(1) 왼발 발꿈치를 땅에 내려 발바닥이 땅에 닿으며, 오른발 발꿈치를 들어 올리고, 창을 앞쪽 아래방향으로 향하여 보내어 나간다. (그림 55)

(그림 55)

요점

이것은 다른 자세로 바뀌는 중간 과정의 동작이며, 중심(重心)을 들어올리는 동작과 창을 보내어 나가는 동작은 동시에 완성해야 하고, 창첨(槍尖)이 땅에 닿지 않도록 한다.

(2) 오른발이 왼발 앞으로 나가고 중심(重心)을 아래로 내려서 개보(蓋步)가 되며, 오른손은 뒤로 창을 빼내고, 왼손과 팔을 곧게 편 자세는 바뀌지 않고, 왼손은 힘을 지탱하는 지렛목의 거점으로 삼아서, 위로 붕창(崩槍)한다. (그림 56)

(그림 56)

요점

개보(蓋步)는 안정되어야 하고, 위로 붕창(崩槍)하는 동작은 힘이 있어야 하며, 동작은 동시에 완성해야 한다.

(3) 중심(重心)을 일으켜 올리며, 오른손은 앞쪽 아래 방향으로 향해 창을 보내고, 양 손은 팔을 펴서 창대 끝을 잡는다. (그림 57)

(그림 57)

요점

이것은 다른 자세로 바뀌는 중간 과정의 동작이며, 중심(重心)을 들어올리는 동작과 창을 보내어 나가는 동작은 동시에 진행해야 하고, 창첨(槍尖)이 땅에 닿지 않도록 한다.

(4) 왼발이 나가서 높은 좌허보(左虛步)가 되며, 오른손은 뒤로 창을

(그림 58)

빼내고, 왼손과 팔을 곧게 편 자세는 바뀌지 않고, 왼손은 힘을 지탱하는 지렛목의 거점으로 삼아서, 위로 붕창(崩槍)한다. (그림 58)

요점

높은 허보(虛步)는 안정되어야 하며, 위로 붕창(崩槍)하는 동작은 힘이 있어야 하고, 두 가지 동작은 동시에 완성해야 한다.

(5) 중심(重心)을 일으켜 올리며 앞으로 이동하고, 왼발 발꿈치를 땅에 내려 발바닥이 땅에 닿으며, 오른발 발꿈치를 들어 올리고, 오른손은 앞쪽 아래 방향으로 향해 창을 보내어, 창첨(槍尖)이 땅에 닿지 않게 한다. (그림 59)

(그림 59)

(6) 오른발이 나가서 개보(蓋步)가 되며, 오른손은 뒤로 창을 빼내고, 왼팔은 곧게 펴서, 왼손은 힘을 지탱하는 지렛목 거점으로 삼아, 위로 붕창(崩槍)한다. (그림 60)

(그림 60)

13. 가로막고 제압하며 창을 찔러 가슴을 공격하다
   (攔拿扎槍取中膛)

(1) 중심(重心)을 약간 끌어올리며, 왼발이 나가서 높은 좌허보(左虛步)가 되고, 좌우 손은 손목을 뒤집으며, 창첨(槍尖)을 안에서 밖으로

(그림 61)

향하여 호(弧)를 휘돌려서 란창(攔槍)한다. 좌우 손은 이어서 밖에서 안으로 손목을 뒤집으며, 창첨(槍尖)을 밖에서 안으로 향하여 호(弧)를 휘돌려서 나창(拿槍)한다. (그림 61)

요점

높은 허보(虛步)는 안정되어야 한다.

(3) 왼발이 보(步)를 나가 좌궁보(左弓步)가 되며, 오른손은 힘을 들여 앞쪽으로 향해 수평으로 창을 보내고, 양 손은 팔을 펴며 창대 끝을 잡아 찰창(扎槍)한다. (그림 62)

(그림 62)

요점

중심(重心)을 앞으로 이동하고, 왼발이 땅에 내려오는 동작은 안정되어야 하며, 창을 보내는 동작은 힘이 있어야 한다.

14. 물러나며 몸을 돌려 비장의 수를 쓰다
   (撤步回身殺手鐧)

(1) 중심(重心)을 일으켜 올리며, 몸을 우(右)로 돌리고, 오른다리를 굽혀서 높은 우궁보(右弓步)가 되며, 오른손은 뒤로 창을 거두어들이고, 왼손은 미끄러져 창의 상단에 이르며, 창첨(槍尖)은 약간 높고, 머리를 돌이켜 눈은 창첨(槍尖)을 바라본다. (그림 63)

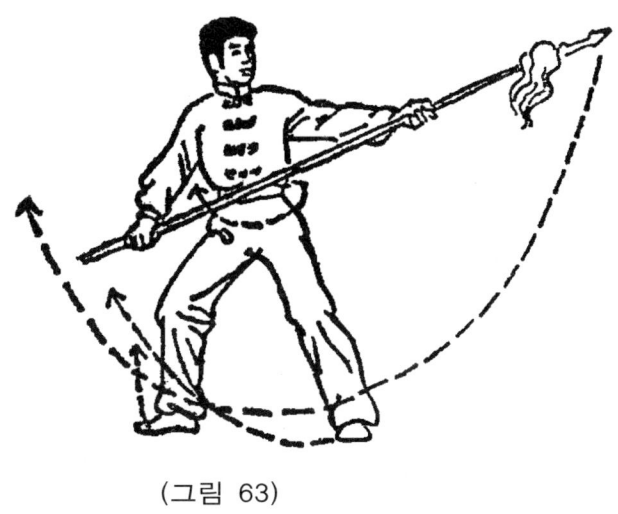

(그림 63)

(2) 오른발을 일으켜 올리고, 땅에 내리며 힘을 발출하고, 우(右)로 몸을 돌리며, 왼발을 뛰어 오르고, 오른발을 잇달아 뛰어 오르며, 몸을 위로 훌쩍 솟구쳐 공중으로 올라가고, 창은 몸에 따라서 이동하여, 머리 위에 가로 놓는다. (그림 64)

요점

이것은 돌면서 뛰어오르는 동작이며, 양 발은 잘 호응해야 하고, 우

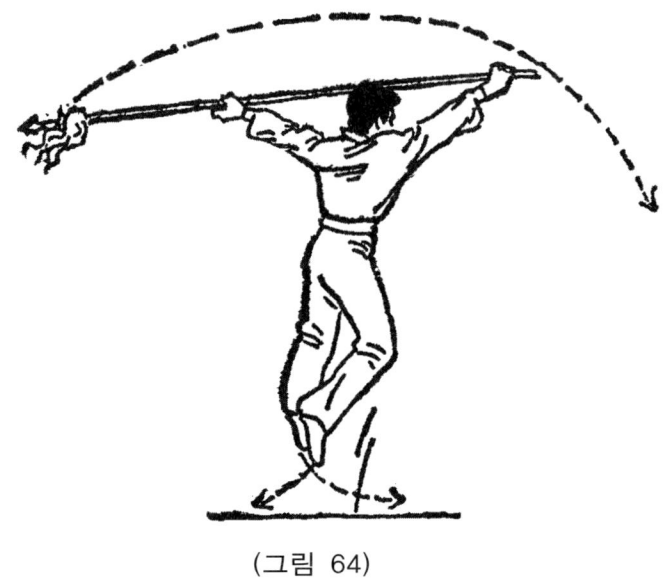

(그림 64)

(右)로 몸을 돌리는 동작은 민첩해야 하며, 뛰어오르는 동작은 가뿐하여 경쾌해야 하고, 창을 움직이는 동작은 재빨라야 한다.

(3) 왼발이 먼저 땅에 내려와 앞에 있고, 오른발은 뒤로 내려오며, 높은 좌허보(左虛步)가 되면서 창을 머리 위로부터 아래로 향해 맹렬하

(그림 65)

게 "패어 쪼개듯이 찍고(劈)", 오른손은 창대 끝을 잡아 허리부위에 이르다. (그림 65)

요점

땅에 내려오는 동작은 가뿐하게 경쾌해야 하며, 높은 허보(虛步)는 안정되어야 하고, 몸을 돌리면서 땅에 내려오는 관성력(慣性力)에 의지한다. 양 손은 촌경(寸勁)을 사용하여 아래로 향해 벽창(劈槍)한다.

(4) 왼발이 신속하게 1보 나가서 좌궁보(左弓步)가 되며, 동시에 오른손은 보(步)가 나가는 관성력(慣性力)과 팔 힘을 빌려 의지하여 힘을 써서 앞쪽으로 향해 수평으로 창을 "찌른다(刺)". (그림 66)

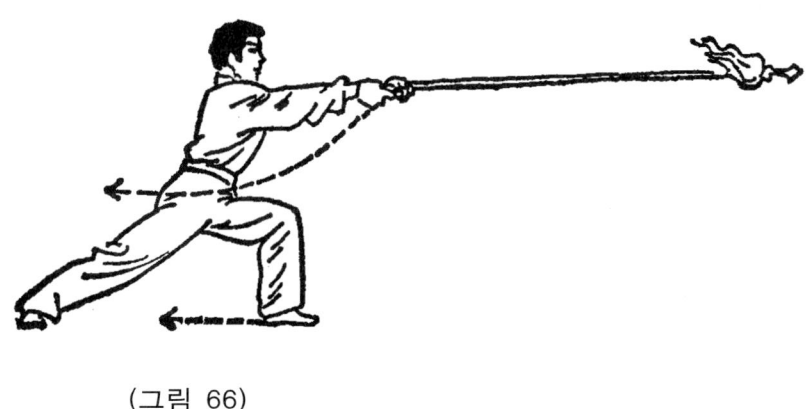

(그림 66)

요점

보(步)가 나가는 동작은 빨라야 하며, 궁보(弓步)가 되는 동작은 안정되어야 하고, 창을 "찌르는(扎)" 동작은 힘이 창첨(槍尖)에 도달해야 하며, 동작은 동시에 완성해야 한다.

15. 유성(流星)이 달을 쫓듯 빠르게 창을 휘돌리다
  (流星赶月舞花上)

(1) 왼발을 반보(半步) 거두어들이고, 양 다리는 전후(前後)로 보(步)를 벌려 서며, 오른손은 뒤로 창을 빼내고, 왼손은 손을 뒤집으며 창의 상단을 잡는다.[19] (그림 67)

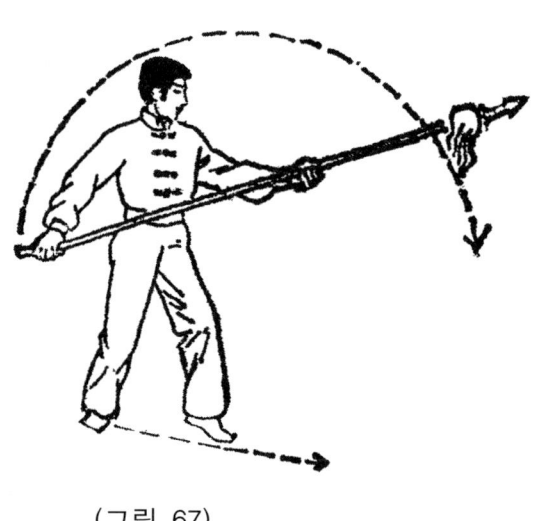

(그림 67)

---

19) 역자註 : 왼손이 "손을 뒤집는(反手 : 혹은 손바닥을 뒤집는)" 동작은 호구(虎口)가 창대 끝으로 향하도록 잡는 것이겠으나, 또한 오른손이 창을 뒤로 빼낸 후 창대를 휘돌리기 시작할 때 오른손의 호구(虎口)가 창대 끝으로 향하도록 오른손을 돌려서 잡아야만 다음 초식과의 연결에 더욱 합리적이라 생각된다. 무화(舞花)동작은 가르치는 사람마다 그 방식이 서로 다를 수 있으므로 일률적으로 규정할 수 없다. 예를 들면 왼손의 식지와 중지 사이에 창대를 끼워 잡고서 무화(舞花)동작을 하는 방법도 있다. 원문대로 번역을 하였으나, 역자의 견해로는 양 손의 동작 설명에 착오가 있는 듯하니, 수련자 자신이 연구하기 바란다.

요점

이것은 다른 자세로 바뀌는 중간 과정의 동작이며, 창을 빼낼 때 왼손은 손을 뒤집은 자세로 바꾼다.

(2) 오른발이 나가며, 몸을 좌(左)로 돌리고, 양 다리는 똑바로 서며, 창첨(槍尖)은 앞에서 아래로 향하다 우(右) 뒤쪽으로 향하고, 창대 끝은 뒤로부터 위로 향하다 앞쪽으로 향하도록 몸 우측(右側)에서 반원(半圓) 형태로 움직이며, 왼손은 창을 잡아 오른쪽 겨드랑이 아래에 이른다. (그림 68)

(그림 68)

요점

보(步)가 나가는 동작과 창이 움직이는 것은 동시에 진행해야 하고, 동작은 협조되어 이어져 관통해야 한다.

(3) 몸을 계속하여 좌(左)로 돌리며, 창대 끝은 몸 앞을 지나 아래로 향하다 좌(左) 뒤쪽으로 향하고, 창첨(槍尖)은 우(右) 뒤로부터 위로 향하다 앞쪽에 이르며, 양 팔이 교차하고, 오른팔이 위에 있다. (그림 69)

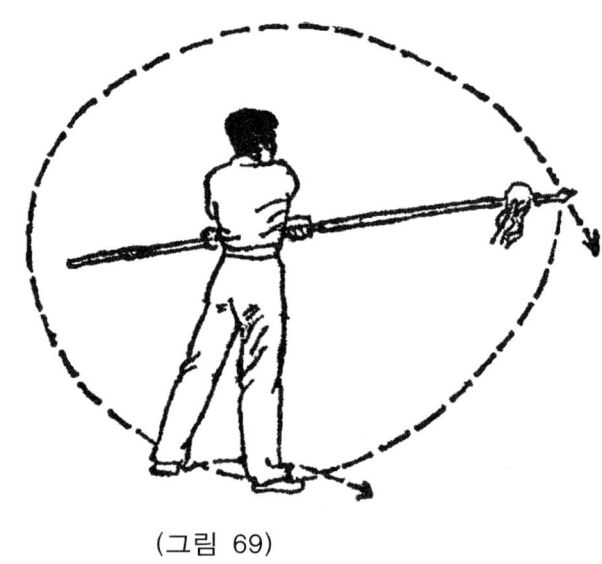

(그림 69)

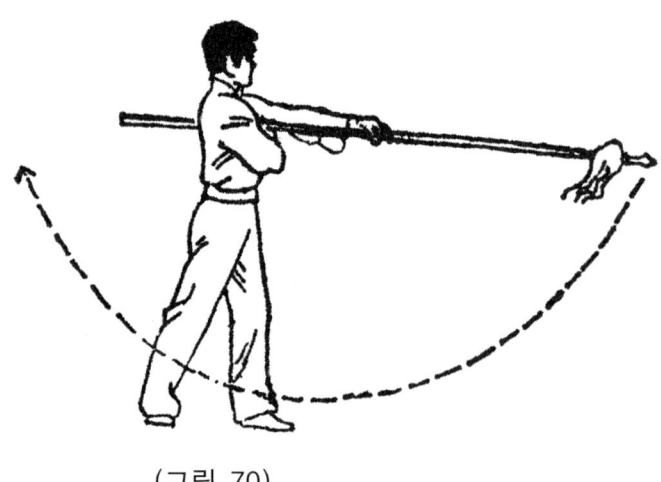

(그림 70)

(4) 왼발이 나가며, 몸을 우(右)로 돌리고, 창첨(槍尖)은 아래로 향하다 뒤로 향하고 다시 위로 향하다 앞쪽에 이르며, 원래 위치로 돌아오고, 창대 끝은 반대방향으로 움직이며, 오른손은 왼쪽 겨드랑이 아래에 이른다. (그림 70)

(5) 몸을 계속하여 우(右)로 돌리며, 창첨(槍尖)은 몸 앞으로부터 아래로 향하다 우(右) 뒤쪽으로 향하고, 창대 끝은 좌(左) 뒤로부터 위로 향하다 앞쪽에 이르며, 양 팔이 교차하고, 왼팔이 위에 있다. (그림 71)

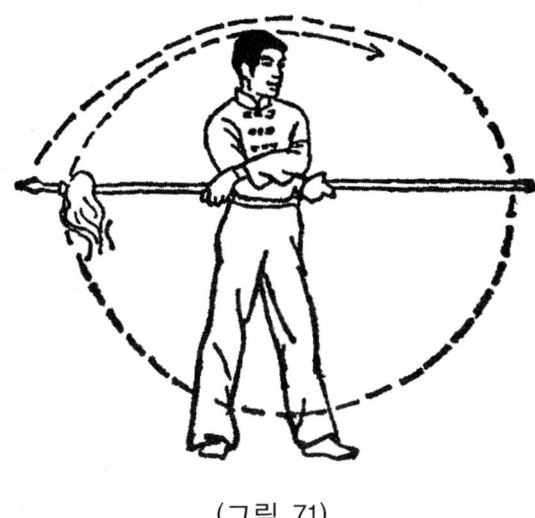

(그림 71)

요점

(1)부터 (5)까지의 동작은 연결되어 관통해야 하며, 매 한 동작은 협조되어야 하고, 창이 움직이는 것과 몸을 돌리는 동작 그리고 보(步)가 나가는 동작은 서로 잘 호응해야 한다.

16. 소진(蘇秦)이 검을 짊어지고 창대로 후려쳐 해치다
   (蘇秦背劍劈把傷)

(1) 상체의 움직임은 멈추지 않고, 창첨(槍尖)은 계속하여 휘둘러 돌아 뒤를 지나 위로 향하며, 오른손은 창대 중간을 잡아 뒤로 향하고, 왼손은 창대에서 이탈하며, 창을 등 위에 짊어지고, 머리 좌측(左側)에 있다. (그림 72)

(그림 72)

요점

앞 동작을 이어받을 때 연결되어 관통해야 한다.

(2) 왼손을 위로 올려 창의 상단을 잡는다. (그림 73)

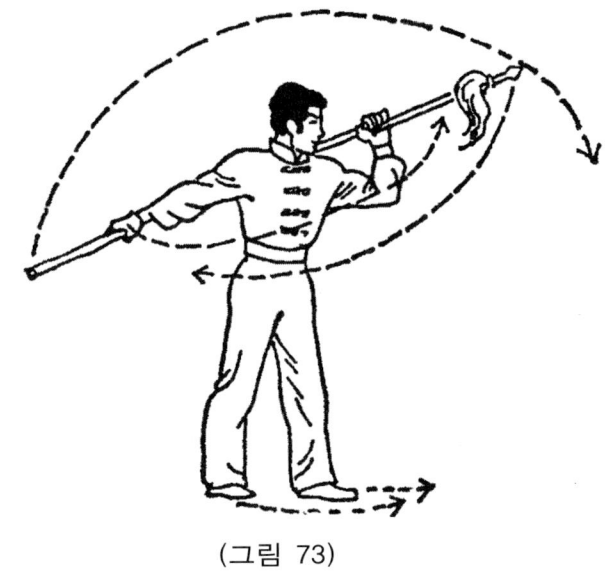

(그림 73)

요점

몸은 조금 앞으로 향해 기울이며, 왼손은 창대를 꼭 움켜쥔다.

(3) 오른손은 창대에서 이탈하고, 그러한 후에 앞쪽으로 향해 왼손 앞의 창영(槍纓) 근처에 다가가서 잡는다. 중심(重心)을 앞으로 이동하며, 왼발이 나가고, 오른발은 즉시 뒤를 쫓아 나가, 발끝이 왼발 내측(內側)에서 땅에 닿으며, 양 다리는 반쯤 웅크려 앉아서 정보(丁步)가 된다. 동시에 양 손은 힘을 들여 아래로 향해 창대를 "후려치며(劈)", 오른손은 창을 잡아 허리부위에 이르고, 왼팔은 곧게 펴서 창의 중간 부위를 잡는다. (그림 74)

요점

정보(丁步)는 안정되어야 하고, 아래로 향하여 창대를 후려치는 동작은 촌경(寸勁)이 있어야 하며, 힘은 창대의 끝에 도달한다.

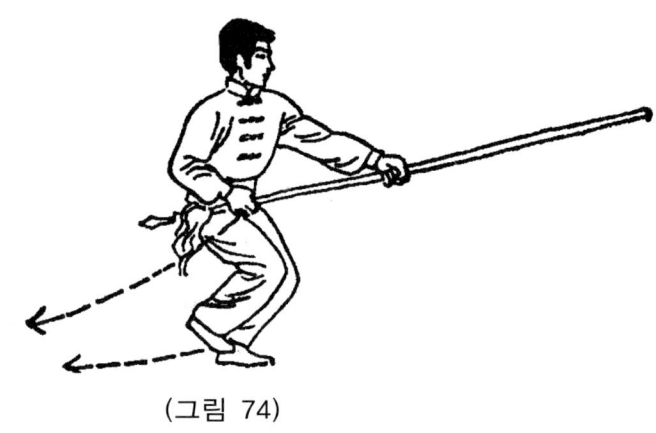

(그림 74)

17. 새매가 몸을 뒤집고 막대기를 후려쳐 누르다
(鷂子翻身劈壓棒)

(1) 중심(重心)을 끌어올리며, 오른발은 뒤로 향해 보(步)를 물러나고, 몸을 우(右) 뒤로 돌리며, 오른손은 뒤쪽으로 향해 창을 빼내고, 왼손은 미끄러져 창의 하단에 이르며, 창첨(槍尖)은 우(右) 아래로 향하고, 눈

(그림 75)

은 우(右) 아래로 내려다본다. (그림 75)

요점

이것은 다른 자세로 바뀌는 중간 과정의 동작이며, 몸을 돌리며 보(步)를 물러나는 동작과 창을 빼내는 동작은 동시에 완성한다. 동작은 조화가 되어야 한다.

(2) 오른다리가 힘을 발출하며, 뒤로 향하여 맹렬하게 몸을 돌리고, 왼발이 뛰어 오르며, 몸을 위로 훌쩍 솟구쳐 공중으로 올라가고, 창은 몸에 따라 돌려서, 머리 위에 가로 놓는다. (그림 76)

(그림 76)

요점

몸을 돌리는 동작은 신속해야 하고, 뛰어 오르는 동작은 깔끔하게 재빨라야 하며, 몸을 돌리고 뛰어오르며 창을 휘두르는 동작은 호응하여 협조해야 한다.

(3) 왼발을 땅에 내려서 앞에 있고, 오른발은 뒤에서 땅에 붙이며, 몸을 돌리는 동작을 완성하여, 높은 좌허보(左虛步)가 되며, 창은 위로부터 아래로 향해 창대를 수평으로 "후려 찍어(劈)", 오른손이 허리부위에 이르고, 왼손은 창대 중간을 잡는다. (그림 77)

(그림 77)

요점

높은 허보(虛步)는 안정되어야 하고, 창대를 후려 찍는 동작은 힘이 있어야 하며, 몸을 돌려서 허보(虛步)가 되는 동작과 창대를 수평으로 후려 찍는 동작은 동시에 진행해야 한다.

(4) 왼발을 들어올려 반보(半步) 나가서 좌궁보(左弓步)가 되고, 동시에 창대를 밖에서 안으로(시계 방향) 권(圈)을 휘돌리며 손목을 뒤집어 창대를 "누른다(壓)". (그림 78)

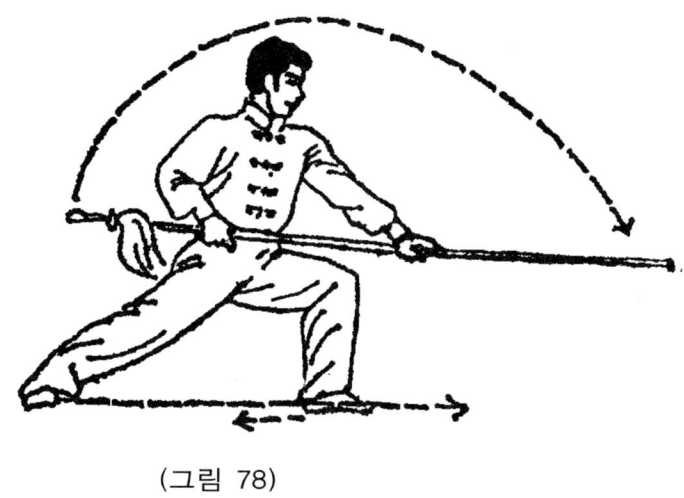

(그림 78)

요점

왼발이 보(步)가 나가는 동작은 빨라야 하며, 창대를 "누르는(壓)" 동작은 촌경(寸勁)을 사용해야 하고, 궁보(弓步)가 되는 동작과 창대를 누르는 동작은 동시에 진행한다.

18. 유성(流星)이 달을 쫓듯 빠르게 창을 휘돌리다 (流星赶月舞花上)

(1) 왼발을 반보(半步) 거두어들이고 오른발이 나가서, 양 발을 전후(前後)로 벌려 서며, 왼손은 손을 뒤집어 창을 잡고, 오른손은 창대를 따라 꿰어서 창의 중간으로 오며, 창대 끝은 앞쪽으로부터 아래로 향하다 우(右) 뒤쪽에 이르며, 창첨(槍尖)은 앞쪽으로 향하고, 왼손은 오른쪽 겨드랑이 아래에 이른다. (그림 79)

요점

먼저 왼발을 물러나고, 후에 오른발이 나가며 몸을 돌리고, 오른발

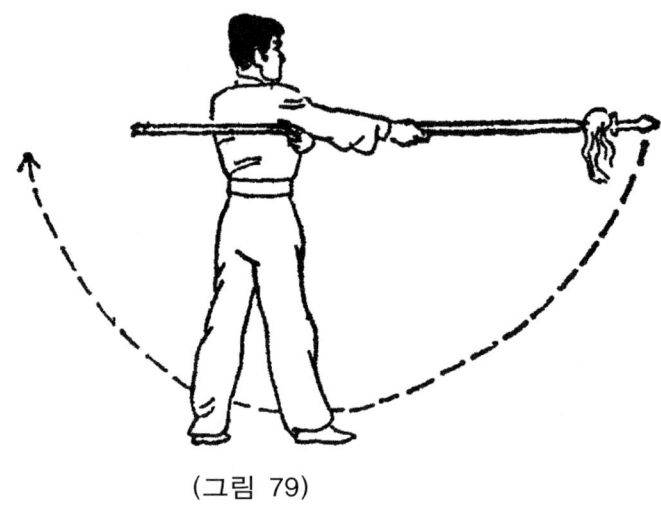

(그림 79)

이 나가고 손을 뒤집어 바꾸며 창을 움직이는 동작은 동시에 진행해야 한다.

(2) 몸을 좌(左)로 돌리며, 창첨(槍尖)은 몸 앞으로부터 아래로 향하다 좌(左) 뒤쪽으로 향하고, 창대 끝은 우(右) 뒤로부터 위로 향하다 앞쪽에 이르며, 양 팔이 교차하고, 오른팔이 위에 있다. (그림 80)

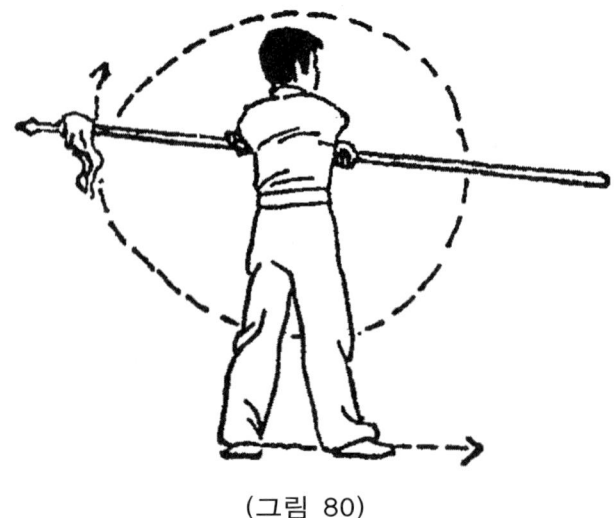

(그림 80)

(3) 왼발이 나가며, 몸을 우(右)로 돌리고, 창대 끝은 앞에서부터 아래로 향하다 우(右) 뒤로 향하고, 다시 위로 향하다 앞쪽에 이르며, 창첨(槍尖)은 반대방향으로 움직인다. 오른손은 왼쪽 겨드랑이 아래에 이른다. (그림 81)

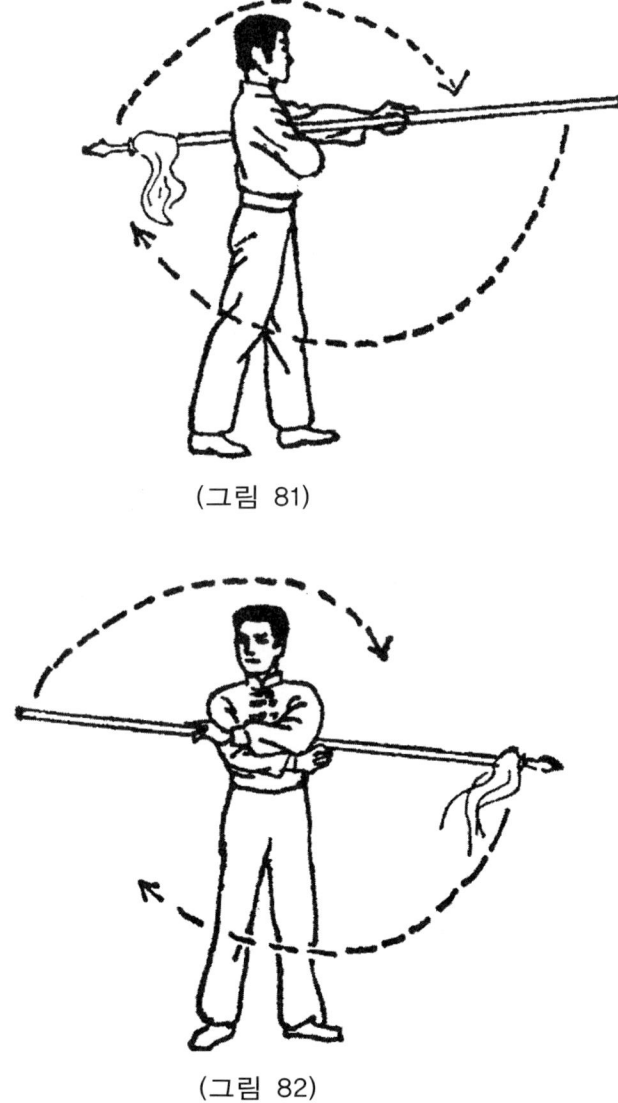

(그림 81)

(그림 82)

(4) 몸을 우(右)로 돌리며, 창대 끝은 앞에서부터 아래로 향하고 우(右) 뒤쪽에 이르며, 창첨(槍尖)은 좌(左) 뒤로부터 위로 향하고 앞에 이르며, 양 팔이 교차하고, 왼팔이 위에 있다. (그림 82)

(5) 발의 위치와 보(步)는 바뀌지 않고, 창대 끝은 위로 향하여 호(弧)를 휘둘러 좌(左) 위에 이르며, 창첨(槍尖)은 아래로 향하여 호(弧)를 휘둘러 우(右) 아래에 이른다. (그림 83)

(6) 창은 움직이지 않고, 오른손은 잡는 자세를 바꾸어, 손을 바르게 하여 창대를 잡는다.[20] (그림 84)

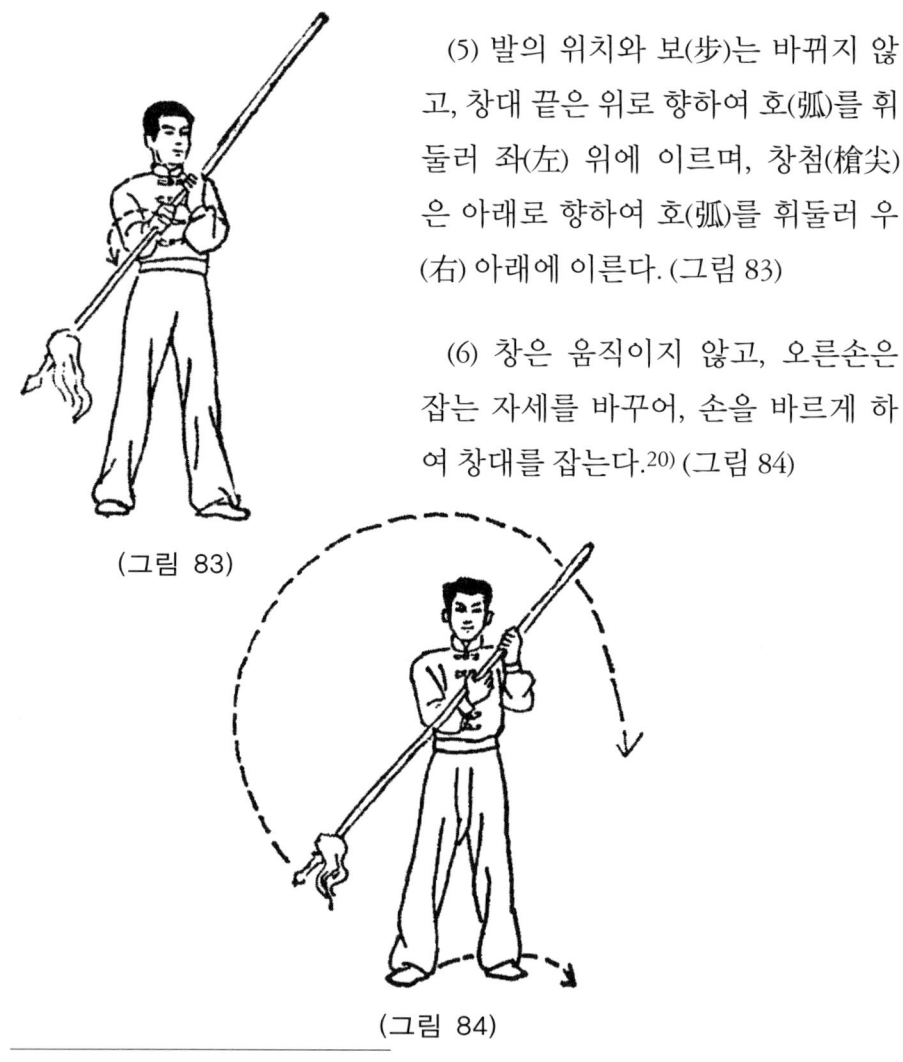

(그림 83)

(그림 84)

---

20) 역자註 : 손이 바르게 창을 잡는 것은 손의 호구(虎口)가 창두(槍頭)로 향하도록 잡는 것이며, 그림 84의 오른손 자세는 창대를 돌리는 중에 호구(虎口)가 창두(槍頭)로 향하도록 바뀌어 그림 85의 자세가 된다.

(7) 오른발이 좌(左) 뒤로 1보 나가고, 양 다리가 교차하며, 창첨(槍尖)은 우(右) 아래로부터 우(右) 위로 향하다 몸 앞을 지나서 좌(左)에 이르고, 창대 끝은 우측(右側)에 이른다. (그림 85)

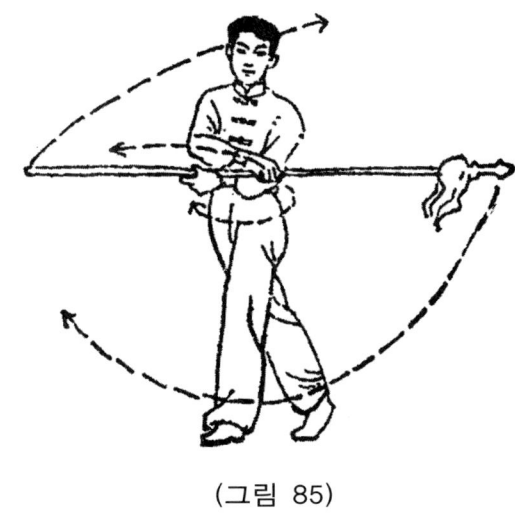

(그림 85)

(8) 오른손이 창대에서 이탈하였다가 다시 창대 끝을 잡고, 왼손은

(그림 86)

잡는 자세를 바꾸어 창을 바로 잡으며, 몸을 우(右)로 돌리고, 오른손은 몸을 돌림에 따라서 창을 빼내어 머리 위에 이르며, 왼손은 미끄러져서 창대 중간에 이르고 왼팔을 펴며, 창첨(槍尖)은 앞쪽 아래로 향한다. (그림 86)

(9) 중심(重心)을 아래로 내리며, 높은 좌허보(左虛步)가 되고, 동시에 좌우 손을 아래로 내리며 손목을 뒤집고, 창첨(槍尖)은 밖에서 안으로 향하고 아래로 향해(시계 방향) 호(弧)를 휘돌리며 압창(壓槍)한다. 오른손은 허리부위에 이르고, 창첨(槍尖)은 조금 높다. (그림 87)

(그림 87)

요점

(1)부터 (9)까지는 연속하는 동작이며, 상체 움직임과 하체 움직임의 결합은 연결되어 관통해야 하고, 창이 움직이며 보(步)가 나가고 몸을 돌리는 동작은 협조되어 자유자재해야 한다.

19. 검은 용이 꼬리를 흔들어 좌우로 방어하다
   (烏龍擺尾左右防)

(1) 왼발이 좌측(左側) 뒤로 향해 보(步)가 나가고, 오른발이 잇달아서 왼발 앞으로 나가 높은 우허보(右虛步)가 되며, 창첨(槍尖)은 밖에서 안으로 향하다 다시 밖으로(시계 방향) 향하고, 왼손은 밖으로 향해 손목을 뒤집어 창을 "돌려 밀어내며(撥)", 오른손은 창대 끝을 잡아 왼쪽 겨드랑이 아래에 이른다. (그림 88)

(그림 88)

요점

보(步)가 나가는 과정 중에 창의 움직임은 호(弧)를 휘돌고, 높은 허보(虛步)가 될 때 손목을 뒤집으며 창을 "돌려 밀쳐내고(撥)", 높은 허보(虛步)는 안정되어야 하며, 창을 "돌려 밀쳐내는(撥)" 동작은 힘을 들여야 한다.

(2) 오른발이 우측(右側) 뒤로 향하여 보(步)가 나가고, 즉시 왼발이 잇달아 오른발 앞으로 보(步)가 나가서 높은 좌허보(左虛步)가 되며, 창은 몸의 움직임에 따라서 큰 권(圈)으로 휘돌아 밖으로 향해(시계 반대방향) 붕창(崩槍)한다. (그림 89)

(그림 89)

요점

보(步)가 나가는 과정 중에 창의 움직임은 권(圈)으로 휘돌리고, 높은 허보(虛步)가 될 때 손목을 뒤집으며 붕창(崩槍)하고, 높은 허보(虛步)는 안정되어야 하며, 붕창(崩槍)은 힘을 들여야 하고, 창은 어깨와 같은 높이이다.

20. 흰 구렁이가 굴에서 나와 개울을 뛰어넘다
(白蟒出洞躍山澗)

(1) 왼발이 앞으로 보(步)가 나가서 좌궁보(左弓步)가 되고, 좌우 손은

손목을 뒤집으면서 창을 밖에서 안으로(시계 방향) 향해 권(圈)으로 휘돌리며, 아래로 압창(壓槍)한다. 오른손은 허리부위로 거두어들이고, 창첨(槍尖)은 약간 낮다. (그림 90)

(그림 90)

요점

보(步)가 나가는 과정 중에 창의 움직임은 권(圈)으로 휘돌리고, 궁보(弓步)가 될 때 아래로 창을 "누르며(壓)", 창을 누르는 동작은 힘을 들여야 한다.

(2) 오른발이 힘을 발출하여 뛰어오르고, 잇달아 즉시 왼발을 뛰어오르며, 위로 훌쩍 솟구쳐 공중으로 올라서, 공중에 머무를 때 란창(攔槍) 동작을 완성하고, 좌우 손은 손목을 뒤집으며, 창첨(槍尖)은 안에서 밖으로 향하여 란창(攔槍)한다. (그림 91)

요점

뛰어오르는 동작은 가뿐히 경쾌해야 하고, 몸은 가능한 한 위로 훌쩍

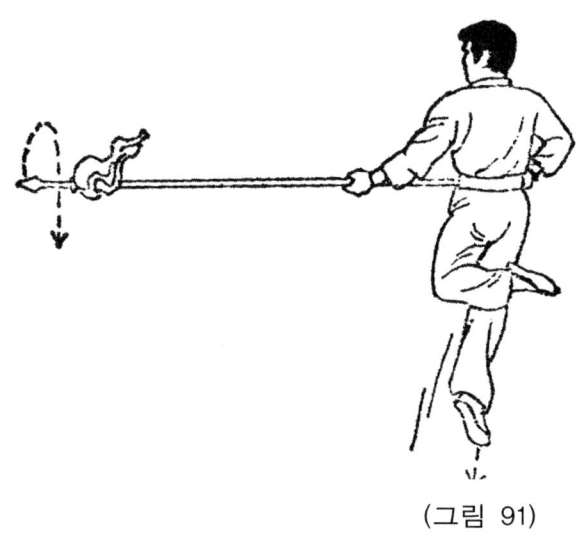

(그림 91)

솟구쳐 올려서, 공중에 머무르는 시간을 만들어서 란창(攔槍)을 하도록 하며, 란창(攔槍) 동작은 신속하게 완성해야 한다.

(3) 오른발이 먼저 땅에 내려오고, 왼발이 땅에 내려오기 전에 나창(拿槍) 동작을 완성하며, 좌우 손은 안으로 향하여 손목을 뒤집으며 나창(拿槍)한다. (그림 92)

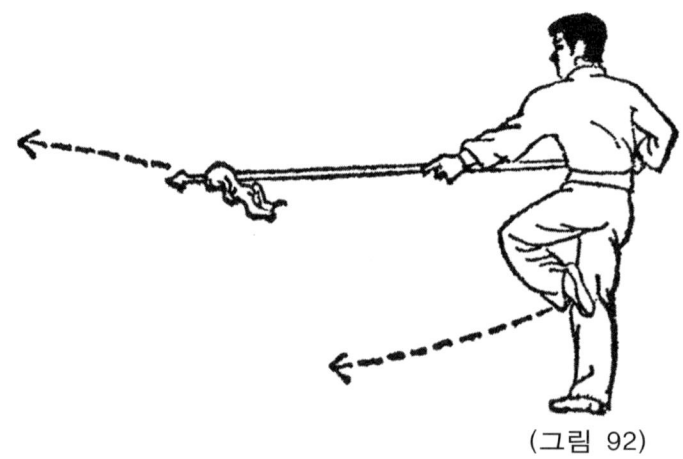

(그림 92)

요점

란창(攔槍) 동작에 바로 연이어서 나창(拿槍) 동작을 완성하며, 신속해야 하고 정확해야 하며, 또한 힘을 들여 도달해야 하고, 전체 동작과 협조하여 호응한다.

(4) 왼발은 오른발 앞에 큰 1보로 내려와 좌궁보(左弓步)가 되며, 오른손은 힘을 들여 앞쪽으로 향하여 찰창(扎槍)한다. (그림 93)

(그림 93)

요점

발을 땅에 내려 궁보(弓步)가 되는 동작과 창을 찌르는 동작은 동시에 완성한다.

21. 몸을 뒤집으며 모친을 구하려 화산을 쪼개다[21]

---

21) 역자註 : 한(漢)대의 유향(劉向)이란 선비가 과거를 보려고 상경하는 길에, 화산(華山)에 올라 유람하였다. 화산에는 한 신묘(神廟)가 있었는데, 묘신(廟神)인 화악삼낭(華岳三娘)은 원래 아름답고 선량한 선녀였다. 왕모(王母)가 삼낭을 화산으로 파견하여서, 삼낭 홀로 신묘에서 적막하게 지냈다. 어느 날 그녀는 노래하며 너울너울 춤을 추다가, 갑자기 한 선비가

묘(廟)로 들어오는 것을 보고는, 급히 연화보좌에 올라 인물조각상으로 변하였다. 유향이 삼낭의 인물상을 보고는, 그 아름답고 온화하며 편안함에 매료되어서, 만약 그녀를 아내로 얻는다면 얼마나 행복할까 마음속으로 생각하다가, 감정을 못 이겨 필묵을 꺼내어 삼낭(三娘)에 대한 애모의 정을 벽에다 적었다. 유향이 영민하고 준수하며 글재주도 뛰어나고, 자신에 대한 깊은 정이 가득함을 삼낭이 보고서 심중에 만감이 뒤얽혔으나, 한 사람은 천상계의 선녀요 한 사람은 속계의 범인이니, 어찌 인연을 맺을 수 있겠는가? 낙담하여 떠나가며 헤어짐을 아쉬워하는 유향을 눈으로만 전송하던 삼낭은, 망설이다가 마침내 유향과 결혼하기로 결심하여서, 민간의 여자로 변하여 유향을 쫓아가서 진심을 말하고 부부가 되었다. 유향의 과거시험 날이 다가오고, 삼낭은 이미 임신하였는데, 아쉬운 이별을 할 때 유향은 조상대대로 전해온 한 조각의 침향(沈香)을 삼낭에게 주며 말하기를, 자식을 낳으면 침향(沈香)이라 이름 짓게 하였다. 유향이 과거에 급제하여, 양주부순안(揚州府巡按)에 임명되어 부임하려 할 때, 삼낭은 재난을 만났는데, 원래 이때 천궁(天宮)에는 왕모(王母)의 생일을 맞이하여서, 반도회(蟠桃會: 음력 3월3일에 西王母에게 제사지내는 제전)를 열어 여러 신선이 모두 와서 축수하나, 삼낭은 임신한지라 병을 핑계로 화산에 머물렀다. 삼낭의 오빠인 이랑신(二郞神)이 진상을 알고서 크게 노하여, 천상의 율령을 어긴 삼낭을 붙잡아 징벌코자 하였다. 삼낭에게는 원래 왕모(王母)가 선물한 보련등(寶蓮燈)이 있었는데, 이 보련등은 어떤 요괴나 신선이라도 물리칠 수 있는 보물이었다. 삼낭이 쉬고 있는 틈을 타서. 이랑신은 자신의 개를 시켜 보련등을 몰래 훔쳐내고는, 삼낭을 화산 아래의 흑운동(黑雲洞)에 감금하였다. 삼낭은 암흑천지인 동굴에서 아들을 낳았는데, 야차(夜叉)에게 은밀히 간청하여 아들을 양주의 유향에게 보냈다. 침향(沈香)이 자라나 점점 철이 들면서, 모친이 화산 아래에 갇혀 고통을 받음을 알고는, 일편단심 모친을 구출하고 싶었다. 침향은 부친에게 의론하였으나, 그러나 유향은 문약한 선비인지라, 단지 탄식하며 고개만 저었다. 그리하여 침향은 혼자 집을 떠나 천신만고 끝에 화산에 왔으나, 모친은 어디에 있는가? 겨우 8살 아이인 침향이 어찌할 바를 몰라 대성통곡하니, 처량하고 애달프게 울부짖는 소리가 산골짜기에 메아리치자, 마침 이곳을 지나던 벽력대선(霹靂大仙)을 놀라게 하여서, 그 사연을 물

(翻身救母劈華山)

  (1) 우(右) 뒤로 몸을 돌리며, 중심(重心)을 뒤로 이동하고, 왼발은 뒤로 반보(半步) 물러나며, 오른발 발끝은 밖으로 벌려서 높은 궁보(弓步)로 변하며, 오른손이 창을 빼내고, 왼손이 창의 상단을 잡으며, 오른손은 창대를 '훑어 꿰는 듯이(串)' 하단으로 이동하고, 머리를 돌려 눈은 우측(右側)을 바라본다. (그림 94)

었으나, 대선(大仙)도 어찌 할 방법이 없어, 자신이 사는 곳으로 침향을 데려 왔다. 그리하여 침향은 대선에게서 육도삼략(六韜三略)과 무예를 비롯한 온갖 도술을 배웠다. 침향이 16살이 된 생일날 모친을 구하려 떠나며 작별을 고하자, 대선은 침향의 기개를 칭찬하며 훤화개산신부(萱花開山神斧) 한 자루를 주었다. 침향이 구름을 타고 화산의 흑운동에 와서 큰 소리로 모친을 부르니, 삼낭이 그 소리를 듣고서, 아들이 이미 장성하여 지극한 효심으로 자신을 구하려 왔음을 알고 감격하여, 침향을 동굴 앞으로 불렀다. 이랑신은 신통력이 대단하여서, 천궁을 소란케 했던 손오공도 그의 손에 패하였고, 보련등도 훔쳐갔으니, 침향이 어떻게 그의 상대가 되겠는가? 삼낭이 당부하기를 침향은 외숙인 이랑신에게 인정에 호소하라고 시켜서, 침향이 몸을 날려 이랑묘(二郎廟)에 와 이랑신에게 간절히 애원하였으나, 그는 삼낭을 놓아주려 하지 않고 오히려 칼을 휘둘러 침향을 공격하였다. 침향이 분을 참지 못하고 신부(神斧)를 휘두르며 그와 싸우자, 온 세상이 떠들썩하여 태백금성(太白金星)을 놀라게 하여서, 4명의 대선(大仙)을 파견하여 영문을 알아보니, 이랑신이 외삼촌으로서 흉악하게 아이를 대응함이 너무 무정한지라, 암암리에 침향을 도우니, 이랑신이 버티지 못해 도망하고, 보련등도 되찾았다. 침향이 즉시 화산으로 날아와서, 훤화개산신부를 쳐들어 힘껏 내려치니, 화산이 갈라지고, 침향이 급히 흑운동을 찾아서 모친을 구출하여 행복하게 살았다.

(그림 94)

요점

이것은 다른 자세로 바뀌는 중간 과정의 동작이며, 몸을 돌리고 창을 빼내며 궁보(弓步)가 되는 동작은 동시에 완성하여 협조되도록 주의한다.

(그림 95)

(2) 오른발이 힘을 발출하며, 왼발은 우(右) 뒤로 향하여 뛰어오르고, 몸은 우(右) 뒤로 향하여 몸을 돌리면서 위로 훌쩍 솟구치며, 창은 몸을 따라서 돌고, 창첨(槍尖)을 머리 위로 들어올린다. (그림 95)

요점

몸을 돌리는 동작은 신속해야 하며, 뛰어오르는 동작은 유연히 경쾌해야 하고, 이 두 가지 동작은 연결되어 관통해야 하며, 창의 움직임은 동시에 진행해야 한다.

(3) 왼발이 먼저 땅에 내려오고, 오른발은 왼발 뒤로 내려오며, 높은 좌허보(左虛步)가 되고, 동시에 창을 아래로 내리며, 양 손은 힘을 들여 아래로 향해 창을 "후려 찍는다(劈)". (그림 96)

(그림 96)

요점

땅에 내려오는 동작은 가벼이 날렵해야 하며, 높은 허보(虛步)가 되는 동작은 안정되어야 하고, 창을 후려 찍는 동작은 촌경(寸勁)을 사용해야 한다.

22. 힘이 천근을 지탱하고 가슴을 찌르다
   (力支千斤刺中膛)

(1) 높은 허보(虛步)는 바뀌지 않고, 좌우 손은 손목을 뒤집으며, 창첨(槍尖)을 안에서 밖으로(시계 반대방향) 호(弧)를 휘돌려서 란창(攔槍)한다. (그림 97)

(그림 97)

요점

높은 허보(虛步)는 안정되어야 하며, 란창(攔槍)은 촌경(寸勁)을 사용한다.

(2) 왼발이 앞으로 반보(半步) 나가서, 좌궁보(左弓步)가 되며, 좌우 손은 안으로 향해 손목을 뒤집어, 창첨(槍尖)을 밖에서 안으로(시계 방향) 호(弧)를 휘돌려서 나창(拿槍)한다. (그림 98)

(그림 98)

요점

궁보(弓步)가 되는 동작과 나창(拿槍)은 동시에 완성한다.

(3) 오른발이 보(步)를 나가서 왼발과 보(步)를 나란히 하여 똑바로 서

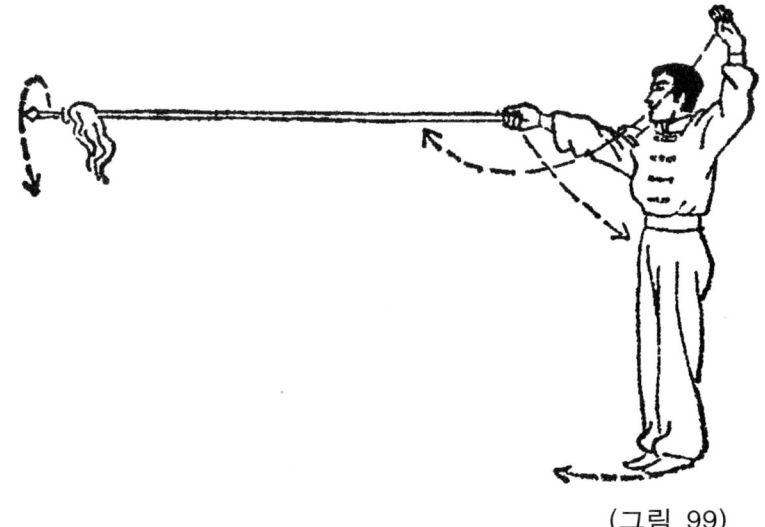

(그림 99)

고, 왼손은 창대에서 이탈하여 위로 쳐들며, 장(掌)으로 변하여 머리 위에 받쳐 올리고, 장심(掌心)이 위로 향하며, 오른손은 힘을 들여 앞쪽으로 향해 창을 보내어 찰창(扎槍)하고, 창은 어깨와 같은 높이이다. (그림 99)

요점

보(步)가 나가고, 왼손을 창대에서 이탈하여 위로 들어올리며, 창을 "찌르는(扎)" 동작은 동시에 진행해야 하고, 동작은 협조되어야 한다.

(4) 왼발이 나가서 높은 좌허보(左虛步)가 되며, 오른손은 창을 빼내어 허리부위에 이르고, 왼손은 창을 받아 잡으며, 또한 창대에 따라서 미끄러져 창대 중간에 이르고, 창을 빼내는 과정 중에, 좌우 손은 안에서 밖으로 손목을 뒤집어, 창첨(槍尖)을 안에서 밖으로(시계 반대방향) 호(弧)를 휘돌려서 란창(攔槍)한다. (그림 100)

(그림 100)

(5) 높은 허보(虛步)는 바뀌지 않고, 좌우 손은 손목을 뒤집으며, 창첨

(槍尖)을 밖에서 안으로(시계 방향) 호(弧)를 휘돌려서 나창(拿槍)한다. 왼발이 앞으로 반보(半步)를 나가 좌궁보(左弓步)가 되며, 오른손은 힘을 들여 앞쪽으로 향해 창을 보내어 찰창(扎槍)한다.(그림 101)

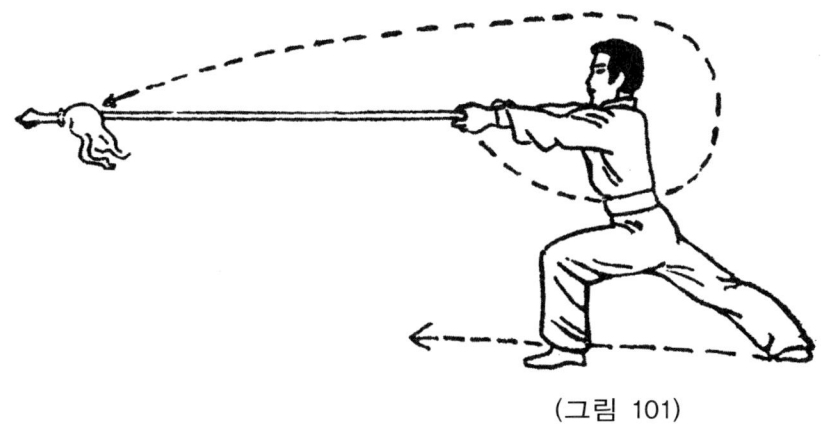

(그림 101)

23. 유성(流星)이 달을 쫓듯 빠르게 창을 휘돌리다 (流星赶月舞花上)

(1) 오른발이 반보(半步) 나가서, 양 다리는 전후(前後)로 보(步)를 벌려 서며, 창대 끝은 우(右) 뒤로부터 위로 향하다 앞쪽에 이르고, 창첨(槍尖)은 반대 방향으로 움직이며, 왼손은 오른쪽 겨드랑이 아래에 이른다.(그림 102)

(2) 몸을 좌(左)로 돌리며, 창대 끝은 앞에서부터 아래로 향하다 좌(左) 뒤쪽에 이르고, 창첨(槍尖)은 우(右) 뒤로부터 위로 향하다 앞쪽에 이른다.(그림 103)

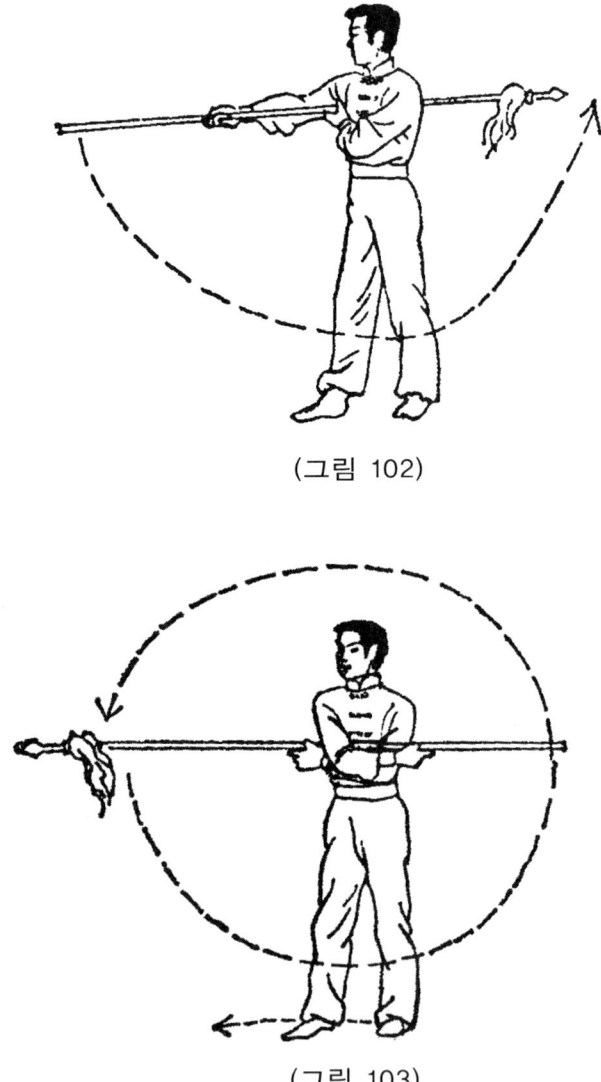

(그림 102)

(그림 103)

(3) 왼발이 나가고, 몸을 우(右)로 돌리며, 창첨(槍尖)은 앞에서부터 아래로 향하다 뒤로 향하고, 다시 위로 향하다 앞쪽에 이르며, 창대 끝은 반대방향으로 움직이고, 오른손은 왼쪽 겨드랑이 아래에 이른다.

(그림 104)

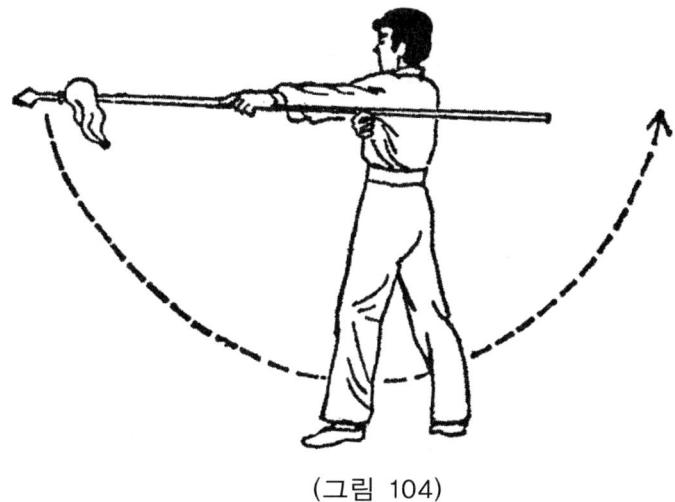

(그림 104)

(4) 몸을 계속하여 우(右)로 돌리며, 창첨(槍尖)은 앞에서부터 아래로 향하다 우(右) 뒤쪽에 이르고, 창대 끝은 앞쪽으로 향하며, 양 팔은 교차하여 왼팔이 위에 있다. (그림 105)

(그림 105)

요점

(1)부터 (4)까지는 연속동작이며, 동작은 연결되어 관통하여 협조되어야 하고, 보(步)가 나가며 몸을 돌리고 창을 움직이는 동작은 서로 호응하여 일치해야 한다.

(5) 중심(重心)을 아래로 내려 높은 좌허보(左虛步)가 되며, 창첨(槍尖)은 우(右) 뒤로부터 위로 향하다 앞쪽에 이르고, 오른손은 창대를 따라서 '훑어 꿰는 듯이(串)' 창대 끝으로 이동하여, 허리부위에 위치하며, 왼손은 창대 중간을 잡아 안에서 밖으로 향해 손목을 뒤집어, 창첨(槍尖)을 안에서 밖으로(시계 반대방향) 호(弧)를 휘돌려 란창(攔槍)한다. (그림 106)

(그림 106)

요점

창이 움직이는 과정 중에 란창(攔槍)의 동작을 완성하며, 높은 허보(虛步)는 안정되어야 한다.

(6) 높은 허보(虛步)는 바뀌지 않고, 좌우 손은 손목을 뒤집으며, 창첨(槍尖)을 밖에서 안으로(시계 방향) 호(弧)를 휘돌려서 나창(拿槍)동작을 완성한다. 왼발이 앞으로 반보(半步) 나가 좌궁보(左弓步)가 되며, 오른손은 힘을 들여 앞쪽으로 향해 창을 보내어 찰창(扎槍)동작을 완성한다. (그림 107)

(그림 107)

24. 새매가 몸을 뒤집으며 또 창을 휘두르다
(鷂子翻身又一槍)

(1) 앞쪽 발이 조금 뒤로 물러나며, 중심(重心)을 들어올리고, 오른손은 뒤로 창을 빼내며, 왼손은 미끄러져 창대 중간에 이른다. (그림 108)

요점
이것은 다른 자세로 바뀌는 중간 과정의 동작이며, 창을 빼내는 동작과 중심(重心)을 들어올리는 동작은 동시에 진행한다.

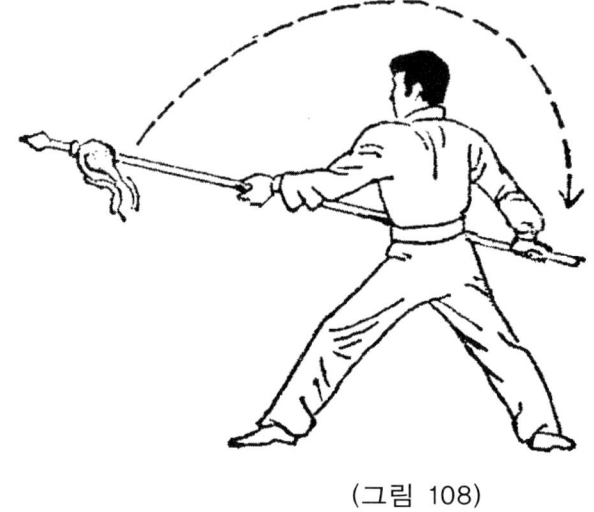

(그림 108)

(2) 창첨(槍尖)이 앞에서부터 위를 지나서 우(右) 뒤쪽에 이르며, 오른손은 창대를 따라서 '훑어 꿰는 듯이(串)' 창대 중간으로 이동하여 창을 잡는다. 양 발은 위 자세와 같다. (그림 109)

(그림 109)

(3) 위 동작에 이어서, 왼손이 창대에서 이탈하고, 창첨(槍尖)은 연이어 우(右) 뒤로부터 아래로 향하다 앞쪽에 이르며, 창첨(槍尖)이 약간

높고, 왼손은 손을 뒤집어 창의 중간을 잡으며, 중심(重心)을 아래로 내려 좌궁보(左弓步)가 된다. 눈은 창첨(槍尖)을 바라본다. (그림 110)

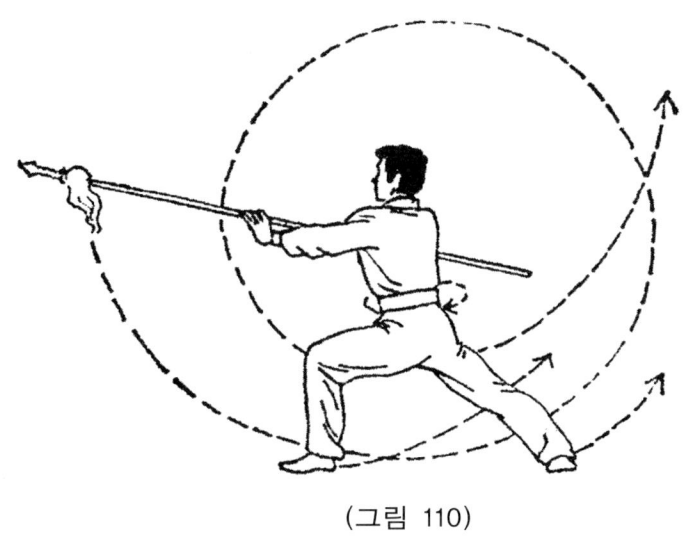

(그림 110)

요점

이상의 3개 동작은 연속동작이며, 이어져 협조되어야 하고, 창은 세운 원(圓) 형태로 움직인다.

(4) 왼손이 창대에서 이탈하고, 창첨(槍尖)은 아래로 향하다 우측(右側)에서 세운 원(圓) 형태로 움직이며, 그러한 후에 왼손은 창대 중간을 바로 잡고, 오른발이 힘을 발출하며, 왼발은 우(右) 뒤로 향하여 뛰어오르고, 즉시 오른발이 뛰어올라서, 공중으로 오르며, 몸을 360도 돌리고, 창은 몸에 따라서 움직이며, 몸 앞에 세운다. 이것은 다른 자세로 바뀌는 중간 과정의 동작이다. (그림 111)

132

(그림 111)

요점

뛰어오르며 몸을 돌리는 동작은 신속해야 하며, 날렵하여 가뿐하고, 가능한 한 위로 훌쩍 솟구치며, 창의 움직임은 협조되어야 한다.

(5) 왼발이 앞으로 내려오고, 오른발이 뒤로 내려와 높은 좌허보(左虛步)가 되며, 창은 머리 위로부터 아래로 향하여 벽창(劈槍)한다. (그림 112)

요점

발이 땅으로 내려와 높은 허보(虛步)가 되는 동작은 안정되어야 하며, 벽창(劈槍)은 힘을 들여야 하고, 촌경(寸勁)을 사용한다. 왼손으로써 힘을 지탱하는 지렛목 거점으로 삼는다.

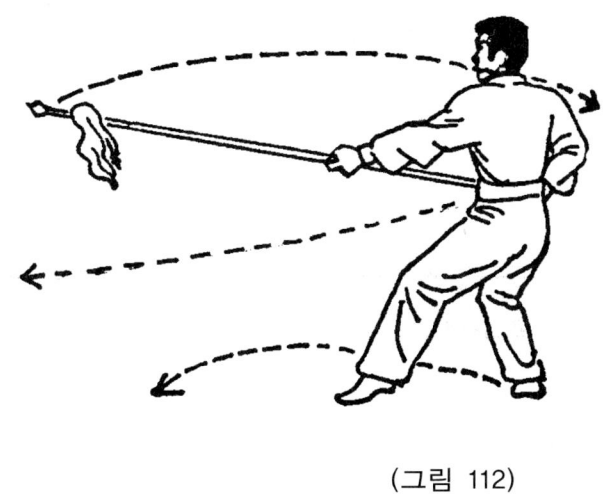

(그림 112)

25. 보(步)가 나가며 말 매는 장대를 좌(左)로 밀쳐내다 (上步左推攔馬棒)

오른손은 뒤로 창을 빼내고, 왼손은 창대를 따라 '훑어 꿰는 듯이(串)' 이동하여 창영(槍纓) 근처에 이르며, 오른손은 창대를 따라 '훑어 꿰는 듯이(串)' 이동하여 창대 중간에 이르고, 그러한 후에 오른발이 나가며, 좌(左)로 몸을 돌려 마보(馬步)가 되고, 동시에 창대 끝은 뒤로부터 몸의 회전에 따라서 앞쪽 아래로 향하여 가로지게 "치며(擊)" 나간다. (그림 113)

요점

창을 빼내며 창대를 '훑어 꿰는 듯이(串)' 손을 이동하는 동작은 먼저 하고, 깔끔하게 재빨라야 하며, 보(步)가 나가고 몸을 돌리며 창대로 치는 동작은 동시에 완성해야 하고, 마보(馬步)는 안정되어야 하며, 가로지게 "치는(擊)" 동작은 힘이 있어야 하고, 눈은 창대 끝을 바라본다.

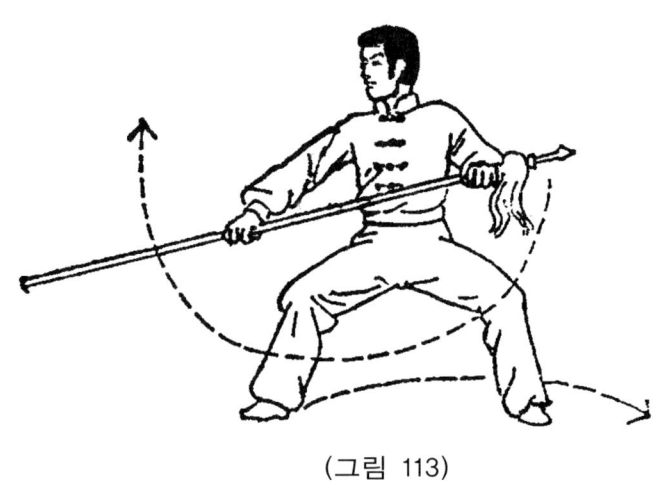

(그림 113)

26. 보(步)를 물러나며 창을 쳐들어 가슴을 쑤시다 (撤步行者挑胸膛)

오른발이 뒤로 1보 물러나며, 몸을 우(右)로 돌려 높은 좌허보(左虛步)가 되고, 오른손은 미끄러져 창대의 하단에 이르며, 왼손은 미끄러져 창대의 중간에 이르고, 창첨(槍尖)은 좌(左)로부터 아래로 향하다 앞쪽으로 향해 호형(弧形)으로 움직여, 다시 위로 향하여 창을 "쳐들어 올린다(挑)"[22]. 창대 끝은 위로 향하다 우(右)로 향해 관골(髖骨 : 엉덩

---

22) 역자註 : 도창(挑槍)은 양 손으로 창을 잡고, 앞쪽 손은 약간 위로 들어올리며, 뒤쪽 손은 아래로 누르는 듯 하여서, 창첨(槍尖)을 아래에서 위로 쳐들어 올린다. 일반적인 도창(挑槍)의 주요 용법은, 창을 아래로 찌르다가 명중하지 못했을 때, 즉각 잡는 법을 바꾸면서 위로 향해 찌르거나 혹

이뼈) 부위에 이른다. (그림 114)

(그림 114)

요점

먼저 창대를 '훑어 꿰는 듯이(串)' 손의 위치를 이동하고, 보(步)를 물러나며 창을 움직이는 동작은 동시에 진행하고, 허보(虛步)가 되는 동작과 창을 "쳐들어 올리는(挑)" 동작은 동시에 진행하며, 창을 쳐들어 올리는 동작은 왼손으로써 힘을 지탱하는 지렛목 거점으로 삼고, 촌경(寸勁)을 사용한다.

27. 금빛 닭이 외발로 서며 아래로 찍다
(金鷄獨立點下方)

중심(重心)을 뒤로 들어올려 오른다리가 곧게 서며, 왼다리를 들어

은 상대방의 병기(兵器)나 손목·팔을 쳐들어 올리며, 그러므로 이 수법은 붕창(崩槍)을 포함하고, 힘이 팔과 손목에 관통한다.

올리고, 발끝을 아래로 내려뜨리며, 왼발은 오른다리에 가까이 접근하여 금계독립식(金鷄獨立式)이 된다. 오른손은 들어 올리며 손목을 뒤집어 머리 앞에 이르고, 왼손은 아래로 향하여 "찔러(刺)" 나가며, 상체는 조금 앞쪽으로 기울어진다. (그림 115)

(그림 115)

요점

금계독립식(金鷄獨立式)은 안정되어야 하며, 좌우 손은 동시에 움직이고, 아래로 향하여 창을 "찌르는(刺)" 동작은 촌경(寸勁)을 사용해야 하며, 창첨(槍尖)은 땅에 닿지 않게 한다.

28. 보(步)가 나가고 위로 덮씌우며 배를 차다
　　　(上步蓋頂踢腹上)

왼발이 앞으로 내려오고, 중심(重心)을 조금 앞으로 이동하며, 창첨(槍尖)은 앞쪽 아래로부터 좌(左) 뒤로 향하다 다시 위로 향하고 앞쪽에 이르며, 창대 끝은 위로부터 앞을 지나 아래로 향하다 뒤쪽으로 향하고, 오른손은 왼쪽 겨드랑이 아래에 이르며, 동시에 오른발은 앞쪽 위로 향해 창대로 차올린다. (그림 116)

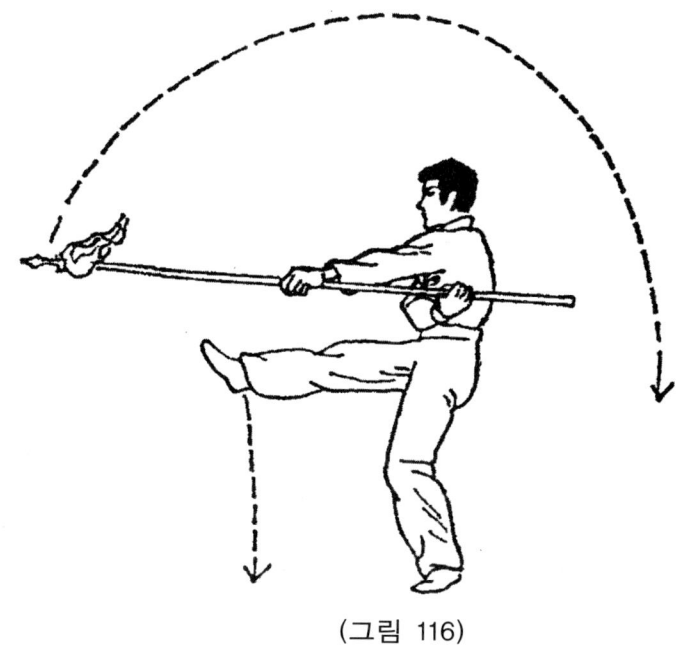

(그림 116)

요점

발을 내리는 동작과 창을 움직이는 동작은 동시에 진행하며, 창첨(槍尖)이 앞쪽에 이르렀을 때, 다시 오른발을 차서, 몸 앞에서 마주한다. 왼발이 지탱하는 자세는 안정되어야 하고, 몸이 흔들거리지 않도록 해야 한다.

29. 금빛 용(龍)이 머리를 흔들며 가슴으로 돌진하다
(金龍搖頭奔胸膛)

(1) 오른발이 앞으로 내려오고, 양 발은 전후로 보(步)를 벌려 서며, 창첨(槍尖)은 발로 차는 힘에 의지하여 위로 향하다 좌(左) 뒤쪽에 이른다. (그림 117)

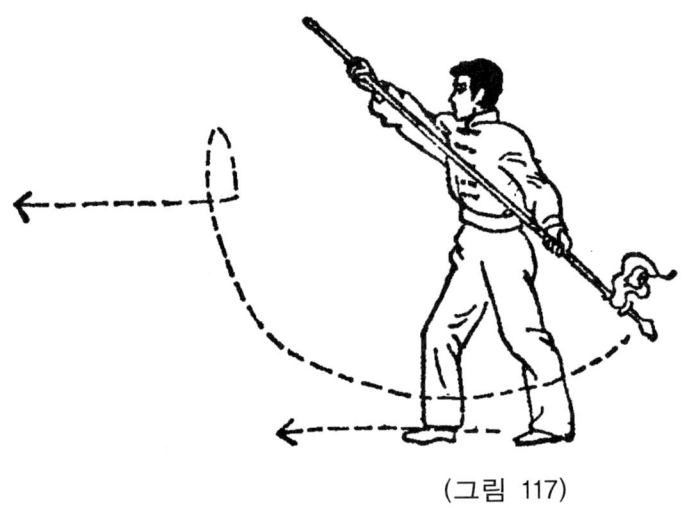

(그림 117)

요점

이것은 다른 자세로 바뀌는 중간 과정의 동작이며, 창의 움직임은 신속하고 거침없이 활짝 펴야 한다.

(2) 왼발이 나가서 높은 좌허보(左虛步)가 되며, 창첨(槍尖)은 좌(左) 뒤로부터 아래로 향하다 앞쪽에 이르고, 창대 끝은 우(右) 뒤쪽으로 향하여 허리부위에 이르며, 그러한 후에 왼손은 손목을 뒤집어 힘을 들여 아래로 압창(壓槍)하고 다시 왼발이 나가서, 좌궁보(左弓步)가 된다. 오른손은 힘을 들여 앞쪽으로 향하여 찰창(扎槍)한다. (그림 118)

(그림 118)

30. 창을 휘돌리고 보(步)를 포개며 아래로 공격하다
   (舞花套步取下方)

(1) 왼발을 반보(半步) 거두어들여서, 양 발이 전후로 보(步)를 벌려 서며, 오른손은 창을 빼내고, 왼손은 창대 중간을 잡으며, 창첨(槍尖)은

(그림 119)

앞쪽으로부터 아래로 향하다 좌(左) 뒤쪽 아래 방향에 이르고, 눈은 창첨(槍尖)을 바라본다. (그림 119)

(2) 오른발이 나가고, 양 발은 전후로 보(步)를 벌려 서며, 창첨(槍尖)은 위로 향하다 앞쪽으로 향하고, 창대 끝은 위로부터 아래로 향하다 좌(左) 뒤쪽에 이르며, 오른손은 왼쪽 겨드랑이 아래에 이른다. (그림 120)

(그림 120)

(3) 왼발이 나가고, 양 발은 보(步)를 벌려 서며, 몸을 우(右)로 돌리고, 창첨(槍尖)은 앞쪽에서부터 아래로 향하다 우(右) 뒤쪽에 이르며, 창대 끝은 앞쪽으로 향하고, 양 팔이 교차하며, 왼팔이 위에 있다. (그림 121)

(4) 창첨(槍尖)은 우(右) 뒤쪽으로부터 위로 향하고, 창대 끝은 앞쪽에서부터 아래로 향하며, 이때 왼발이 좌(左)로 향해 1보 나가고, 오른발은 따라서 즉시 왼발 뒤로 향하여 삽보(插步)가 되며, 동시에 창첨(槍

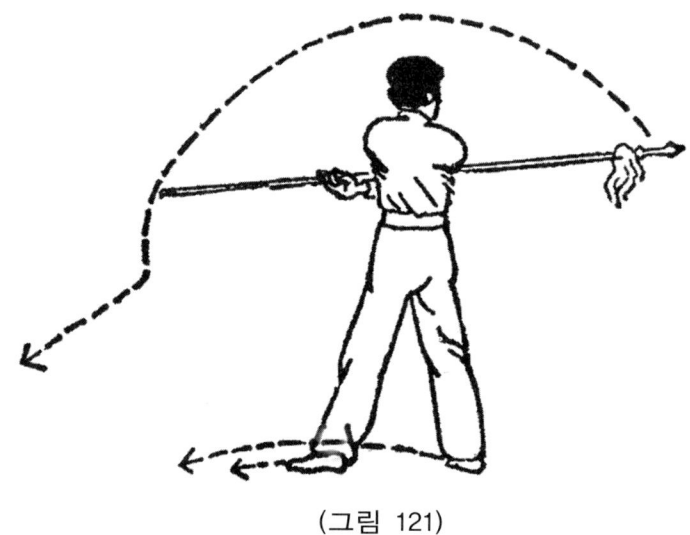

(그림 121)

尖)은 앞으로 향하고 오른손은 창대를 '훑어 꿰는 듯이(串)' 이동하여 창대 끝에 이르러 힘을 들여 앞쪽 아래 방향으로 향해 '찔러(刺)' 나간다. (그림 122)

(그림 122)

요점

이상의 (1)부터 (4)까지는 연속동작이며, 창이 움직이고 보(步)가 나가며 몸을 돌리고 창을 찌르는 동작 모두는 연결되어 협조되어야 하며, 서로 어긋나 부조화되어서는 안 된다. 창을 앞쪽 아래 방향으로 찔러나가는 동작과 삽보(插步)가 되는 동작은 동시에 완성해야 하며, 삽보(插步)는 안정되어야 한다.

31. 흰 원숭이가 몸을 돌리며 눈썹을 그리다
   (白猿轉身掃眉槍)

몸을 세워 일으키며, 우(右) 뒤로 향해 몸을 돌리고, 오른발은 조금 뒤로 물러나서, 높은 좌허보(左虛步)가 되며, 몸을 돌림에 따라서 동시에 창은 몸 앞을 지나 우(右)로 향하여 수평으로 "휘둘러 쓸어(掃)" 나간다. 오른손은 창대 끝을 잡아 허리부위에 이르며, 왼손은 창대 중간을 잡고, 창첨(槍尖)은 우(右) 앞쪽 방향을 가리킨다. 창이 몸 앞을 지나 다시 좌(左)로 향하여 수평으로 "휩쓸어(掃)" 나가고, 창첨(槍尖)은 좌(左) 앞쪽 방향으로 가리킨다. (그림 123)

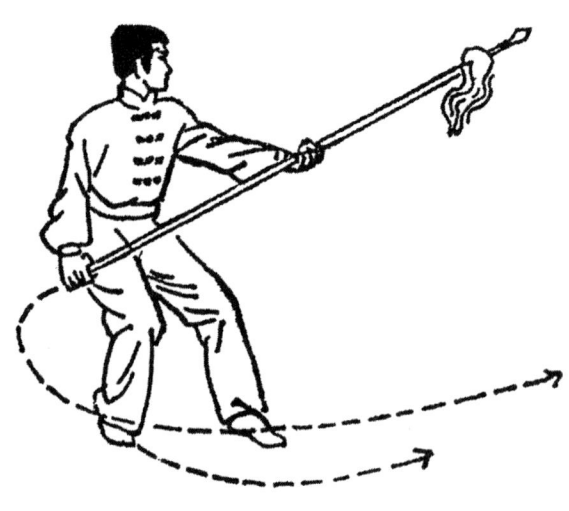

(그림 123)

요점

높은 허보(虛步)는 안정되어야 하며, 소창(掃槍)23)은 힘을 들여야 하나, 그러나 각도(角度)가 너무 크지 않아야 한다. 창첨(槍尖)의 높이는 눈썹과 같다.

32. 창대로 연속하여 아래를 휩쓸어버리다
(橫掃下路連環把)

(1) 중심(重心)을 들어올리고, 오른손은 뒤로 창을 빼내며, 왼손은 창대를 따라 '훑어 꿰는 듯이(串)' 이동하여 창영(槍纓) 근처에 이르고, 이때 몸을 좌(左)로 돌리며 오른발이 나가서 마보(馬步)가 되고, 창은 몸

(그림 124)

---

23) 역자註 : 소창(掃槍)은 양 손으로 창의 한쪽을 잡고서, 몸과 팔이 힘을 들임에 따라서 휩쓸어 돌아, 좌(左) 혹은 우(右)로 평평하게 휘둘러 휩쓸어낸다. 주로 무리지어 싸울 때 상대방의 허리나 머리를 휩쓸어 공격하며, 혹은 상대방 병기(兵器)를 제쳐낸다. 소창(掃槍)하면서 기회를 틈타 연이어 찌르기도 한다.

을 돌림에 따라서 창대 끝이 앞쪽 아래로 가로지게 "치며(擊)" 나간다. 오른손은 창대를 따라 '훑어 꿰는 듯이(串)' 이동하여 창대 중간을 잡는다. (그림 124)

요점

먼저 오른손이 창대를 '훑어 꿰는 듯이(串)' 손의 위치를 이동하며, 몸을 돌려서 마보(馬步)가 되는 동작과 창대로 "치는(擊)" 동작은 동시에 완성한다. 창대로 "치는(擊)" 동작은 촌경(寸勁)을 사용해야 한다.

(2) 오른발 발꿈치를 축(軸)으로 삼아서, 왼발이 물러나며, 몸을 좌(左)로 180도 돌리고, 마보(馬步)가 되며, 동시에 오른손은 힘을 들여 창대를 몸의 회전에 따라서 우(右) 아래로 가로지게 "치며(擊)" 나간다. (그림 125)

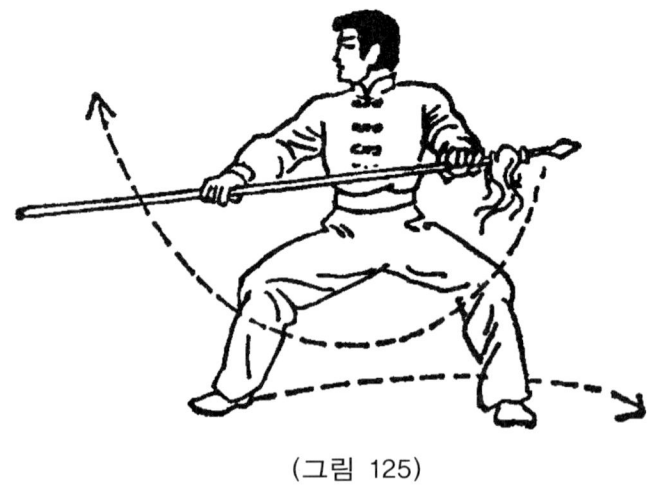

(그림 125)

요점

중심(重心)을 들어올리지 않아야 하며, 보(步)가 나가고 몸을 돌리며 창대를 가로지게 "치는(擊)" 동작은 동시에 완성해야 한다.

(3) 몸을 우(右)로 돌리며, 오른발이 뒤로 1보 물러나서, 왼발 뒤에 오고, 높은 좌허보(左虛步)가 된다. 오른손은 창대를 따라 '훑어 꿰는 듯이(串)' 이동하여 창대 끝에 이르고, 왼손은 창대를 따라 '훑어 꿰는 듯이(串)' 이동하여 창대 중간에 이르며, 창대 끝은 우(右) 아래로부터 몸의 회전에 따라서 위로 향하다 우(右) 뒤쪽에 이르고, 창첨(槍尖)은 좌(左) 위로부터 아래로 향하다 앞쪽 위로 향해 "쳐들어 올리며 찌른다(挑槍)". (그림 126)

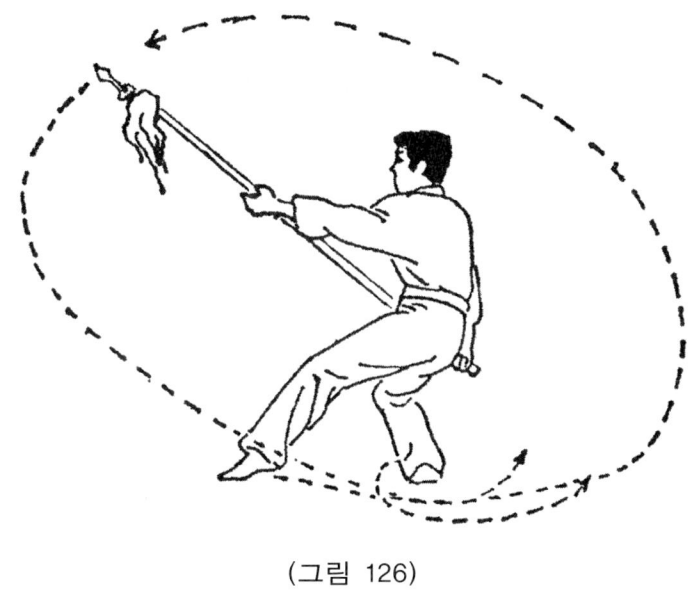

(그림 126)

요점

먼저 창대를 '훑어 꿰는 듯이(串)' 손의 위치를 이동하며, 보(步)를 물러나는 동작과 창의 움직임은 동시에 진행하고, "창을 쳐들어 올리며 찌르는(挑槍)" 동작과 높은 허보(虛步)가 되는 동작은 동시에 완성한다. 창의 움직임은 활짝 펴야 하고, 위로 쳐들어 올리는 동작은 왼손으로써 힘을 지탱하는 지렛목 거점으로 삼고, 힘을 들인다.

33. 새매가 몸을 뒤집으며 가슴으로 돌진하다
   (鷂子翻身奔中膛)

(1) 중심(重心)을 들어올리며 오른다리는 조금만 굽히고, 왼다리는 들어올리며, 오른손은 머리 위로 들어올리고, 왼손은 창이 앞쪽 아래 방향으로 가리키도록 한다.

왼발이 앞으로 향하여 1보 내려오고, 이어서 왼다리가 힘을 발출하며, 오른다리가 뛰어오르고, 동시에 좌(左) 뒤로 향해 몸을 돌리며, 창

(그림 127)

은 앞쪽으로 향하고 위로 향한다. (그림 127)24)

요점

뛰어오르는 동작은 경쾌하여 가뿐히 유연해야 하며, 몸을 돌리는 동작은 신속해야 하고, 창은 몸을 따라 움직이면서 활짝 펴야 하며, 동작은 협조되어야 한다.

(2) 오른발이 먼저 땅에 내려오고, 몸의 회전이 완성되며, 왼발이 땅에 내려와 높은 좌궁보(左弓步)가 되고, 창을 내리며, 양 손은 손목을 뒤집으며 아래로 창을 "누른다(壓)". (그림 128)

(그림 128)

요점

오른발을 땅에 내리는 동작은 안정되어야 하며, "창을 누르는(壓槍)"

---

24) 역자註 : 그림 126에서 창대 끝을 잡았던 오른손이 그림 127에서는 조금 위로 올려 잡았는데, 이것은 그림 126에 표시된 창첨(槍尖)을 휘두르는 권(圈)의 크기를 알맞게 조절하기 위해 양 손이 잡은 위치를 이동한 것이라 볼 수 있고, 다음 자세로 변하면서 내려 잡는다.

동작은 신속해야 하고, 창첨(槍尖)은 약간 낮다.

(3) 왼발이 앞으로 큰 보(步)를 나가서 좌궁보(左弓步)가 되며, 오른손은 힘을 들여 앞쪽으로 향해 수평으로 창을 "찌른다(扎)". (그림 129)

(그림 129)

요점

왼발을 땅에 내리는 동작은 '날렵하고(輕)' 안정되어야 하며, "창을 찌르는(扎槍)" 동작은 힘을 들여야 한다.

34. 몸을 돌리며 창을 꿰어 인후(咽喉)를 봉쇄하다
   (回身串槍鎖咽喉)

(1) 왼발을 반보(半步) 거두어들이며, 중심(重心)을 뒤로 이동하고, 몸을 우(右)로 돌려, 높은 우궁보(右弓步)가 되면서 오른손은 뒤로 창을 빼내고, 왼손은 창영(槍纓) 근처를 잡는다.

발은 보(步)를 이동하지 않고, 몸을 다시 조금 우(右)로 돌리며, 왼손은 뒤쪽으로 창을 보내어, 양 손이 함께 창영(槍纓) 근처를 같이 잡는

다. 창대 끝은 머리부위보다 약간 높다. (그림 130)

요점

창대를 '훑어 꿰는 듯이(串)' 손을 이동하여 창을 보내는 동작은 오른손이 창을 빼내는 동작에 바로 이어져야 하며, 창을 보내는 동작은 민첩해야 한다.

(2) 몸을 계속하여 우(右) 뒤로 (그림 130)
돌리며, 양 다리는 자연히 삽보(揷步)가 되고, 오른손은 창을 빼내어 인후(咽喉) 앞에 이르며, 왼팔은 곧게 편다. (그림 131)

(그림 131)

(3) 앞 동작에 연이어서, 왼발이 좌(左) 앞쪽으로 향하여 1보 나가고, 몸을 우(右)로 돌리며, 왼손은 창을 보내어, 양 손이 창대 끝을 잡는다.

(그림 132)

(그림 132)

(4) 오른발이 뛰어오르고, 잇따라 즉시 왼발이 뛰어올라서, 오른발이 먼저 땅에 내려오고, 왼발이 후에 내려와 오른발 앞에 오며, 높은 좌허보(左虛步)가 된다. 양 손은 잡는 위치를 바꾸어, 오른손이 창대 끝을 잡고 뒤로 창을 빼내며, 왼손은 미끄러져 창대 중간에 이르고, 뛰어오르면서 창을 빼내는 과정 중에, 왼손은 손목을 뒤집으며, 허보(虛步)가

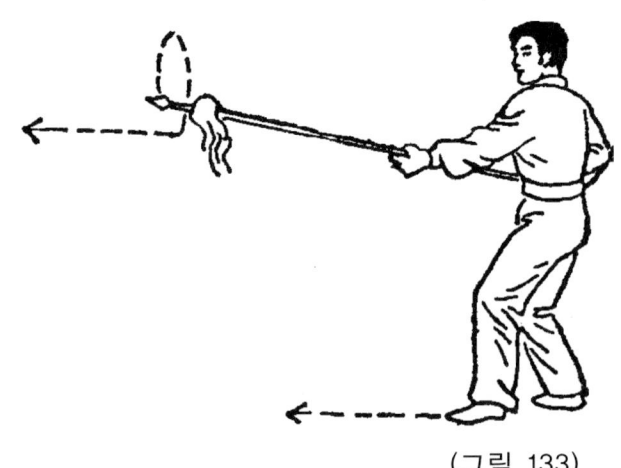

(그림 133)

될 때 란창(攔槍) 동작을 완성한다. (그림 133)

요점

이 동작은 비교적 복잡한데, 먼저 양 손이 창을 잡는 위치를 바꾸고, 창을 빼내며 뛰어오르는 동작을 동시에 진행하고, 허보(虛步)가 되는 동작과 란창(攔槍) 동작은 동시에 완성한다. 여러 차례 반복연습을 하여 점차로 동작이 이어져 협조되게 한다.

(5) 높은 허보(虛步)는 바뀌지 않고, 양 손이 밖에서부터 안으로(시계방향) 손목을 뒤집으며, 창첨(槍尖)을 밖에서 안으로 호형(弧形)으로 휘돌려 나창(拿槍)한다. 왼발이 나가서 좌궁보(左弓步)가 되며, 오른손은 힘을 들여 앞쪽으로 향하여 수평으로 찰창(扎槍)한다. (그림 134)

(그림 134)

35. 물밀듯 퍼져나가며 용이 꼬리를 흔들다
(倒海翻江龍擺尾)

(1) 왼발이 뒤로 반보(半步) 물러나며, 높은 좌허보(左虛步)가 되고, 오른손은 뒤로 창을 빼내어 오른쪽 어깨 옆에 이르며, 왼손은 창의 중간부위를 잡고, 창첨(槍尖)은 좌(左) 아래 방향에 있다. (그림 135)

(그림 135)

요점

허보(虛步)가 되는 동작과 창을 빼내는 동작은 동시에 진행한다.

(2) 오른발의 발바닥 앞부분이 힘을 들여 땅을 문지르며 뒤로 들어올려서, 발바닥이 위로 향하고, 중심(重心)이 왼다리에 있으며, 왼다리는 조금 굽힌다. 왼손은 창첨(槍尖)을 약간 앞쪽으로 향하여 "쳐들어 올리고(挑)", 오른손은 창대 끝을 허리부위로 내리며, 창첨(槍尖)은 약간 낮

고, 몸은 조금 앞쪽으로 기울어진다. (그림 136)

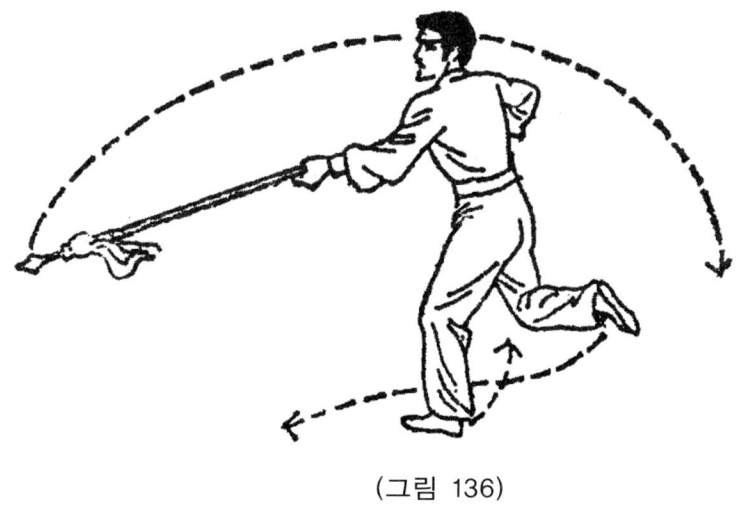

(그림 136)

요점

발바닥이 땅을 문지르고 들어올리는 동작은 날렵해야 하며, 왼발이 지탱하는 자세는 안정되어야 하고, 평형(平衡)에 주의하며, 눈은 창첨(槍尖)을 바라본다.

(3) 상체의 동작은 멈추지 않고, 오른발을 좌(左) 앞쪽으로 향해 1보 내리며, 오른다리는 조금 굽히고, 왼발은 발바닥의 앞부분이 땅을 문지르며 뒤로 들어올려서, 발바닥이 위로 향하고, 동시에 창첨(槍尖)은 좌(左) 앞쪽에서부터 위를 지나서 좌(左) 뒤쪽에 이르도록 큰 호형(弧形)으로 휘두르며, 창대 끝은 허리부위로부터 위로 향해 우측(右側)에 이르러 어깨와 같은 높이이고, 몸은 여전히 조금 앞쪽으로 기울어진다. (그림 137)

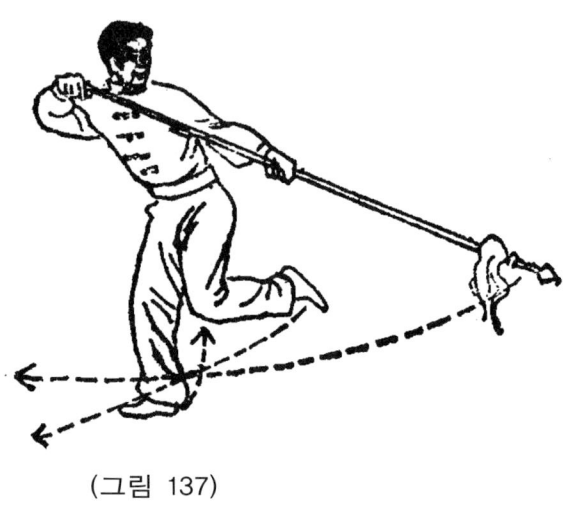

(그림 137)

요점

앞 동작에 연결할 때 이어져 관통해야 하며, 각 동작은 협조되어야 한다.

(그림 138)

(4) 상체의 동작은 멈추지 않고, 왼발을 좌(左) 앞쪽으로 향해 1보 내리며, 왼다리는 조금 굽히고, 오른발은 발바닥이 땅을 문지르며 뒤로 들어올려서, 발바닥이 위로 향하고, 왼손은 창첨(槍尖)이 좌(左) 앞쪽 아래 방향으로 향하도록 큰 호형(弧形)으로 휘두르며, 창대 끝은 아래로 향하여 앞쪽에 이르도록 작은 호형(弧形)으로 휘두른다. (그림 138)

(5) 상체의 동작은 멈추지 않고, 오른발을 좌(左) 앞쪽으로 향해 1보 내리며, 오른다리

는 조금 굽히고, 왼발은 발바닥이 땅을 문지르며 뒤로 들어올려서, 발바닥이 위로 향하고, 왼손은 창첨(槍尖)을 좌(左) 앞쪽에서부터 위로 향하다 좌(左) 뒤쪽에 이르도록 큰 호형(弧形)으로 휘두르며, 오른손은 창대 끝을 위로 향하여 우측(右側)에 이르도록 하여서 어깨와 같은 높이이고, 몸은 여전히 조금 앞쪽으로 기울어진다. (그림 139)

(그림 139)

(6) 상체의 동작은 멈추지 않고, 왼발을 좌(左) 앞쪽으로 향해 1보 내리며, 왼다리는 조금 굽히고, 오른발은 발바닥이 땅을 문지르며 뒤로 들어올려서, 발바닥이 위로 향하고, 왼손은 창첨(槍尖)이 앞쪽 아래 방향으로 향하여 호형(弧形)으로 휘둘러지도록 하며 몸은 여전히 조금 앞쪽으로 기울어진다. 눈은 창첨(槍尖)을 바라본다. (그림 140)

요점

그림 136부터 140까지의 동작은 연속된 것이므로, 이어져 관통하도

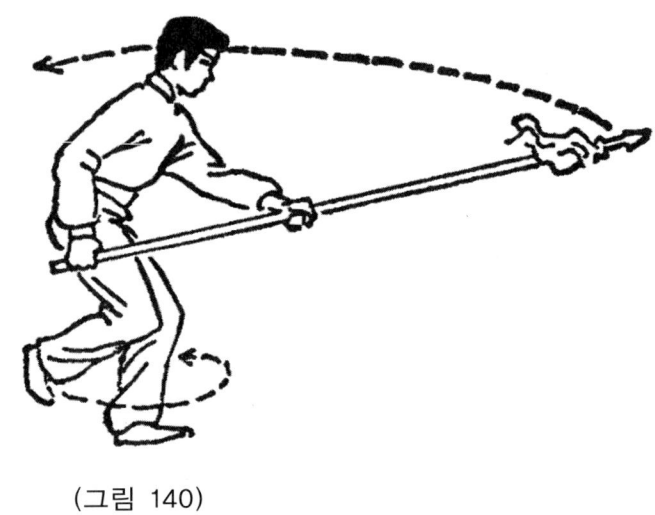

(그림 140)

록 해야 하며, 보(步)가 나가는 동작과 창을 휘두르는 동작은 호응하여 협조되어야 하고, 조화되지 않아 어긋나서는 안 되며, 하나의 둥근 권(圈)이 되도록 움직여서, 원래 자리로 돌아온다.

36. 바람이 낙엽을 쓸듯 사나운 위세가 신통하다
(順風掃葉劈天靈)

(1) 앞 동작에 이어서 몸을 좌(左)로 돌리며, 오른발은 좌측(左側)으로 1보 내려서 가로지른 궁보(弓步)가 되고, 왼손은 창을 좌측(左側)으로 향해 수평으로 "쓸어내며(掃)", 오른손은 창대 끝을 잡고서 허리부위에 위치한다. (그림 141)

요점

창을 수평으로 "쓸어내는(掃)" 동작은 힘이 있어야 하며, 그러나 각도(角度)가 너무 크면 안 되고, 창첨(槍尖)은 좌(左) 앞쪽을 가리킨다.

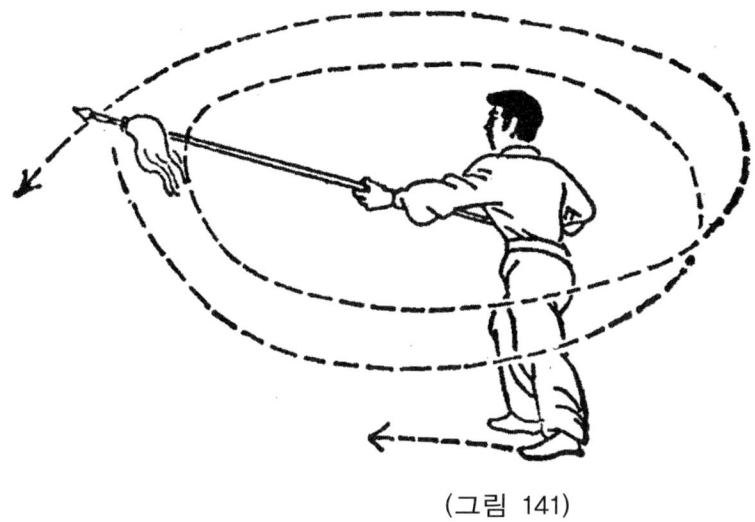

(그림 141)

(2) 앞 동작에 이어서, 양 손은 좌(左)로 향해 머리 위를 지나 창을 두 차례 권(圈)으로 휘두른다. 가로지게 가랑이를 벌린 보(步)는 움직이지 않는다. 좌보(左步)가 나가서 높은 좌허보(左虛步)가 되고, 동시에 창은 머리 위로부터 아래로 향해 힘을 들여 "후려 찍는다(劈)". (그림 142)

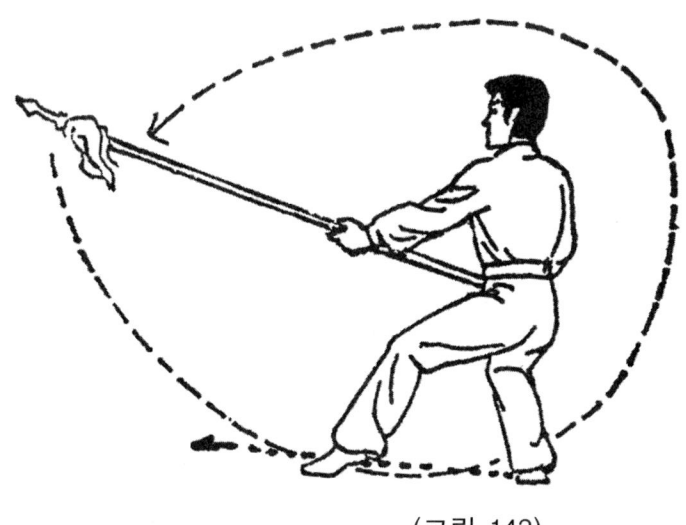

(그림 142)

요점

높은 허보(虛步)는 안정되어야 하며, 창을 휘두르는 동작은 힘을 들여야 하고, 활짝 펴서 시원스레 거침없어야 하며, 양 팔은 힘을 들여 벽창(劈槍)한다.

37. 재빠르게 창을 휘돌리고 보(步)를 포개며 찌르다
(流星舞花套步刺)

(1) 중심(重心)을 들어올리며, 오른발이 나가서, 양 발이 전후로 보(步)를 벌려 서고, 창첨(槍尖)은 좌측(左側)으로 움직여서, 아래로 향하고 좌(左) 뒤로 향하다가, 다시 위로 향하다 앞쪽에 이르며, 왼팔은 곧게 펴고, 오른손은 왼쪽 겨드랑이 아래에 위치한다. (그림 143)

(그림 143)

(2) 왼발이 나가며, 몸을 우(右)로 돌려서, 양 발이 좌우로 벌려 서고,

창첨(槍尖)은 앞에서부터 아래로 향하다 우(右) 뒤쪽으로 향하며, 양팔이 교차하고, 오른팔이 위에 있다. (그림 144)

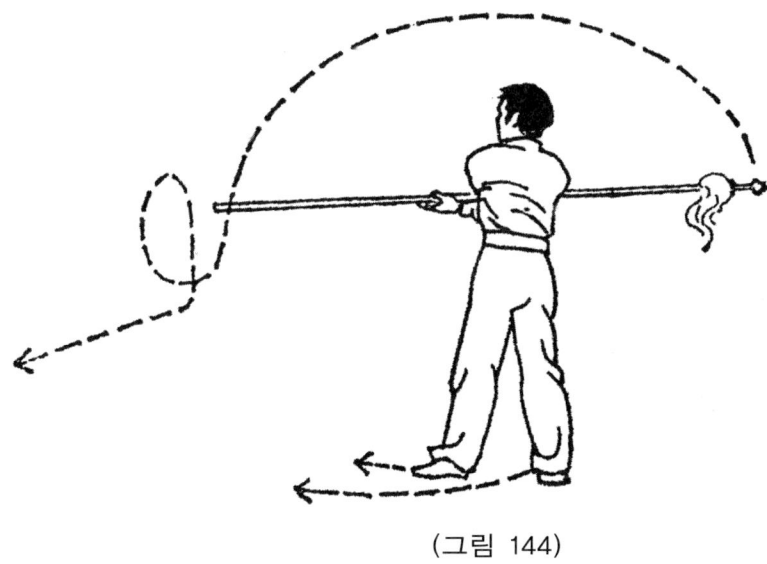

(그림 144)

(3) 앞 동작에 이어서, 창첨(槍尖)이 우(右)로부터 위로 향하다 좌(左)로 향하고, 이때 오른발이 왼발 뒤로 끼어들어 헐보(歇步)가 되며, 오른손은 힘을 들여 앞쪽 아래로 향하여 창을 "찌른다(刺)". (그림 145)

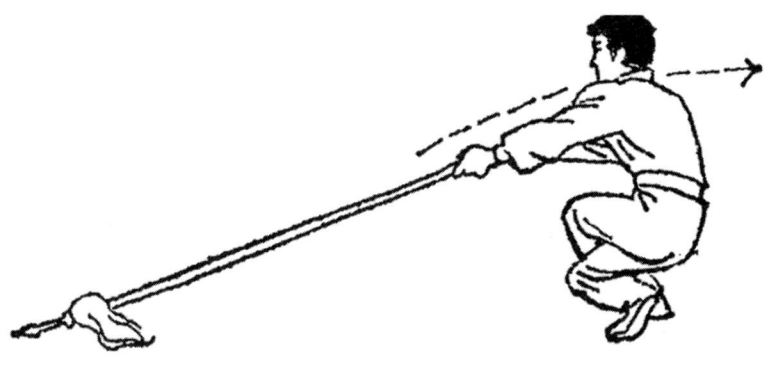

(그림 145)

요점

(1)부터 (3)까지는 연속동작이며, 창이 움직이고 보(步)가 나가며 몸을 돌리는 동작과 헐보(歇步)가 되며 창을 찌르는 동작은 이어져 협조되어야 하고, 서로 어긋나서는 안 되며, 헐보(歇步)는 안정되어야 하고, 창을 찌르는 동작은 힘이 있어야 한다.

38. 몸을 돌리며 말을 막아 장대로 쳐서 기를 꺾다
(回身攔馬殺威棒)

(1) 중심(重心)을 조금 들어올리며, 오른손은 창을 빼내고, 왼손은 창영(槍纓) 근처를 잡으며, 오른손은 다시 창대를 따라 '훑어 꿰는 듯이(串)' 이동하여 창대의 중간부위에 이르러 창을 잡고, 몸을 조금 우(右)로 돌리며, 눈은 창대 끝을 바라본다. (그림 146)

(그림 146)

요점

오른손이 창대를 '훑어 꿰는 듯이(串)' 손의 위치를 이동하는 동작은 이어져 민첩해야 하며, 몸을 돌리는 동작은 클 필요가 없고, 창을 빼내는 동작과 동시에 진행한다.

(2) 오른발이 우측(右側)으로 1보 나가서, 마보(馬步)가 되고, 창대 끝을 우(右) 아래로 향하여 가로지게 "치며(擊)" 나간다. (그림 147)

(그림 147)

요점

보(步)가 나가서 마보(馬步)가 되는 동작과 봉(棒)을 "치는(擊)" 동작은 동시에 진행하고, 봉(棒)을 "치는(擊)" 동작은 힘이 있어야 한다.

39. 날뛰는 말을 돌이켜 막아 다시 한번 치다
(反攔驚馬又一棒)

(1) 몸의 중심(重心)을 왼다리로 이동하며, 오른발은 약간 뒤로 거두어들이고, 왼다리는 조금 굽히며, 창대 끝은 앞쪽 아래로부터 뒤로 향하여 머리 위를 지나서 좌측(左側)에 이르고, 창첨(槍尖)은 몸 앞을 지나서 우측(右側)에 이르며, 왼손은 오른쪽 겨드랑이 아래에 이른다. (그림 148)

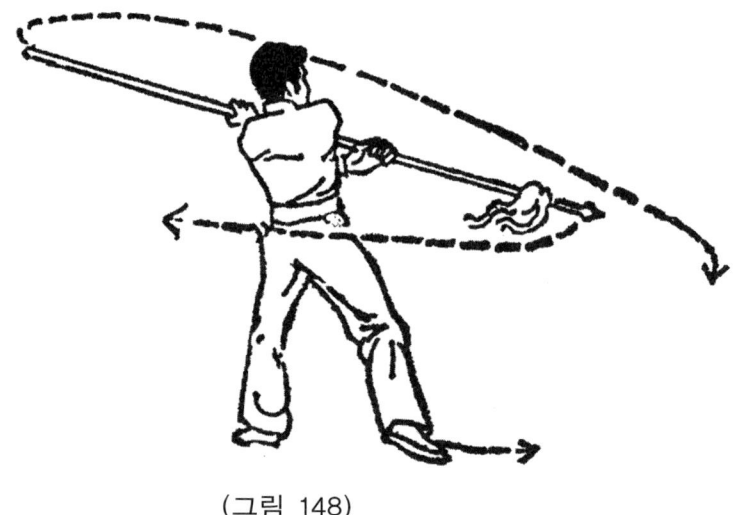

(그림 148)

요점

이것은 다른 자세로 바뀌는 중간 과정의 동작이며, 창을 움직이고 몸을 옆으로 기울이는 동작은 동시에 진행해야 하며, 조화되어 이어져 관통해야 한다.

(2) 오른발이 우(右)로 1보 나가고, 왼발이 땅에 끌며 뒤따라 나가서,

마보(馬步)가 되고, 창대 끝은 몸 앞을 지나 우(右)로 향하여 가로지게 "치며(擊)" 나가고, 왼손은 오른쪽 겨드랑이 아래에 위치하며, 창첨(槍尖)은 배후(背後)에 있다. (그림 149)

(그림 149)

40. 운무(雲霧)가 꼭대기를 덮듯 창대를 선회하여 공격하다 (雲霧罩頂回把傷)

(1) 양 발은 움직이지 않고, 중심(重心)을 들어올리며, 오른손은 창대 끝을 우(右)로부터 몸 앞을 거쳐 머리 위를 지나서 뒤로 향하다 우측(右側)에 이르도록 하고, 창첨(槍尖)은 배후(背後)로부터 몸 앞을 지나 좌측(左側)에 이른다. 몸을 좌(左)로 돌리며, 오른발이 큰 1보를 나가서 왼발 앞에 이르러 마보(馬步)가 되고, 동시에 창대 끝은 몸을 돌림에 따라서 앞쪽 아래 방향으로 향하여 힘을 들여 가로지게 "치며(擊)" 나간다.

(그림 150)

(그림 150)

요점

보(步)가 나가고 몸을 돌리며 봉(棒)을 "치는(擊)" 동작은 동시에 완성해야 하고, 마보(馬步)는 안정되어야 하며, 가로지게 "치는(擊)" 동작은 힘을 들여야 한다.

41. 잡는 법을 바꾸고 정보(丁步)가 되며 아래로 찌르다 (換把丁步向下戳)

(1) 몸을 우(右)로 돌리면서, 오른발이 조금 나가고 우궁보(右弓步)로 변하며, 왼손은 앞쪽 위로 향하여 창을 보내고, 양 손은 창영(槍纓) 근처를 잡으며, 눈은 창대 끝을 바라본다. (그림 151)

(그림 151)

요점

몸을 돌리고 궁보(弓步)가 되며 창을 보내는 동작은 동시에 완성해야 한다.

(2) 오른발이 뒤로 큰 1보를 물러나며, 몸을 우(右)로 돌리고, 이어서 곧 왼발이 따라붙으며, 오른다리는 반쯤 웅크려 앉고, 왼다리도 반쯤 웅크려 앉으며 왼발 발끝이 땅에 닿아서, 정보(丁步)가 된다. 오른손은 창대에서 이탈한 후 다시 손을 뒤집어서 창을 잡고 힘을 들여 우(右) 아래로 "찔러(刺)" 나가며, 왼손은 미끄러져 창대 아래 부위에 이른다. 눈은 창첨(槍尖)을 바라본다. (그림 152)

요점

먼저 창대를 '훑어 꿰는 듯이(串)' 손의 위치를 이동하며, 보(步)를 물러나면서 몸을 돌릴 때 '훑어 꿰는 듯이(串)' 손의 위치를 이동하고, 정보(丁步)가 될 때 아래로 "찌르며(刺)", 전체 동작은 협조되어야 하고, 정보(丁步)는 안정되어야 한다.

(그림 152)

42. 바람이 남은 구름을 단숨에 휘말아 가고 다시 창을 찌르다
   (風卷殘雲再刺槍)

(1) 왼발이 앞으로 반보(半步) 나가고, 몸을 조금 좌(左)로 돌리며, 중심(重心)을 들어올려서, 높은 좌허보(左虛步)가 되고, 양 손은 창을 머리 위로 들어 올린다.(그림 153)

요점

중심(重心)을 들어 올리며, 보(步)가 나가고 몸을 돌리는 동작은 동시에 진행해야 한다.

(2) 창대 끝을 좌(左) 뒤로 향하여 휘두르며, 왼손은 창대에서 이탈하

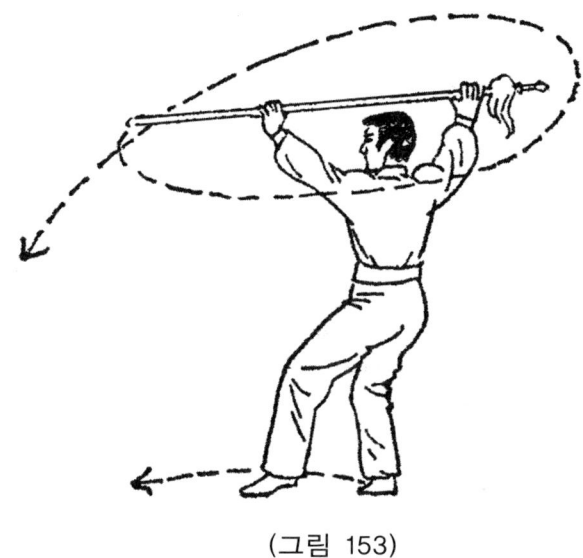

(그림 153)

고, 그러한 후에 오른발이 나가서 높은 우허보(右虛步)가 되며, 동시에 창대 끝은 뒤로부터 우(右)를 지나서 앞쪽 아래로 향하여 휘둘러 "쳐서 (擊)", 창대 끝이 앞쪽 아래 지면(地面)을 "치고(擊)", 왼손은 오른손을 보호한다. (그림 154)

(그림 154)

요점

먼저 창을 휘두르고, 휘둘러서 반원(半圓)에 이를 때, 보(步)가 나가며 몸을 돌리고, 지면(地面)을 "치는(擊)" 동작과 높은 허보(虛步)가 되는 동작은 동시에 완성한다. 지면(地面)을 "친(擊)" 후 창대 끝이 관성력(慣性力)에 의하여 좌(左)로 향하지 않도록 해야 한다.

(3) 오른발이 뒤로 1보 물러나며, 몸을 우(右)로 돌리고, 왼발을 따라 붙어서 정보(丁步)가 되며, 오른손이 창을 잡아 우(右) 아래로 "찔러(刺)" 나가고, 왼손은 미끄러져 창대 아래 부위에 이른다. 눈은 창첨(槍尖)을 바라본다. (그림 155)

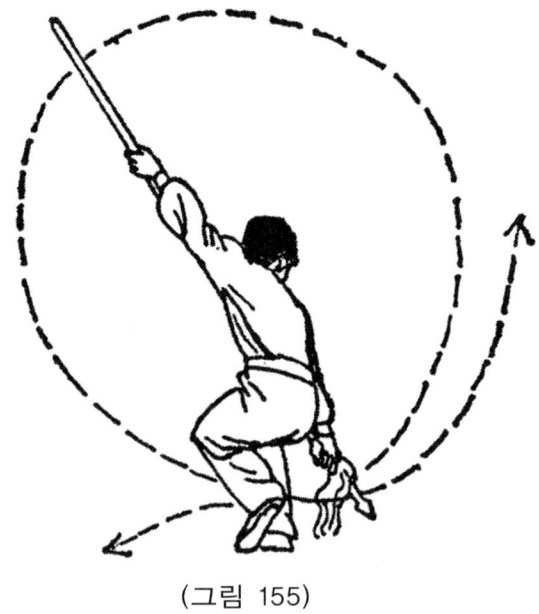

(그림 155)

요점

정보(丁步)가 되는 동작과 아래로 "찌르는(刺)" 동작은 동시에 진행하고, 정보(丁步)는 안정되어야 한다.

43. 유성(流星)이 달을 쫓듯 빠르게 창을 휘돌리다
   (流星赶月舞花上)

(1) 몸을 세워 일으키며, 오른발이 나가서, 양 발이 앞뒤로 보(步)를 벌려 서고, 창첨(槍尖)은 우(右) 아래로부터 우(右) 위로 향하다 좌(左)로 향하고 좌(左) 아래로 그리고 좌(左) 뒤로 호형(弧形)으로 휘둘러서 양 팔이 교차하여, 오른팔이 위에 있다. (그림 156)

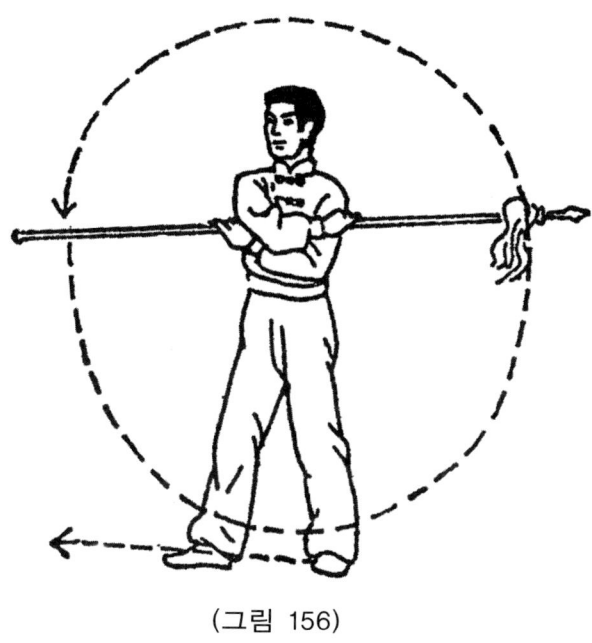

(그림 156)

(2) 왼발이 나가며, 몸을 우(右)로 돌리고, 창첨(槍尖)은 좌(左) 뒤로부터 위로 향하다가 앞으로 향하고 다시 아래로 향하다 좌(左) 뒤쪽에 이른다. 창대 끝은 반대방향으로 움직이고, 창은 몸의 좌측(左側)에서 세운 원(圓) 형태로 움직인다. (그림 157)

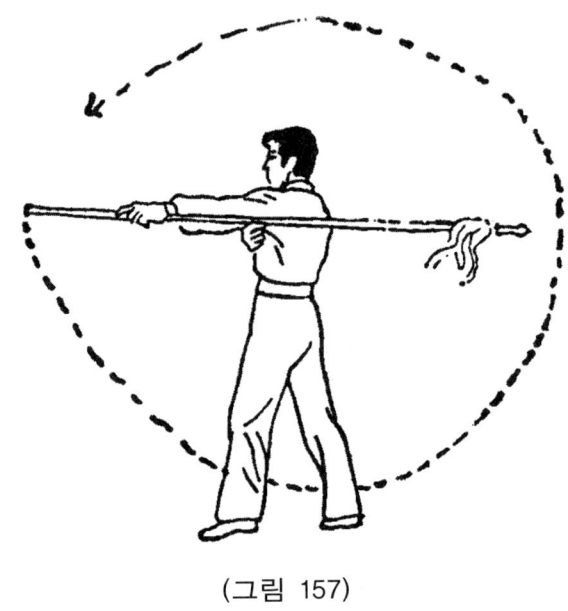

(그림 157)

(3) 몸을 다시 우(右)로 돌리며, 창대 끝은 앞에서부터 아래로 향하다가 우(右) 뒤로 향하고, 다시 위로 향하다가 좌(左) 위 방향에 이르며, 창첨(槍尖)은 좌(左) 뒤로부터 위로 향하다가 앞에 이르고, 다시 아래로

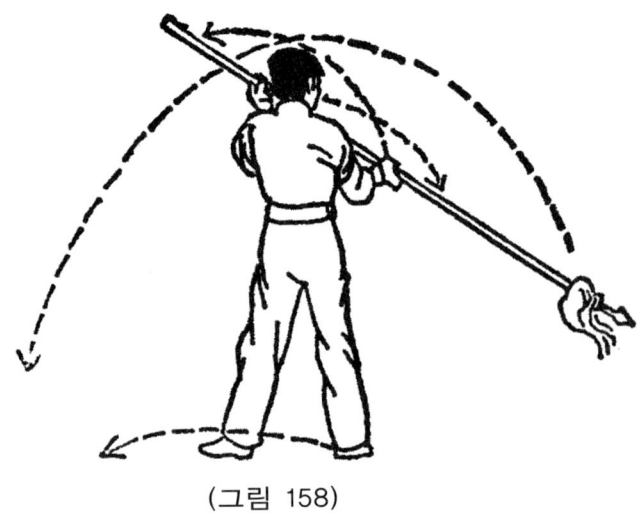

(그림 158)

향하다가 우(右) 아래에 이른다. (그림 158)

(4) 창첨(槍尖)이 우(右) 아래로부터 위로 향하여 몸 앞을 지나 좌(左) 아래에 이르며, 왼손은 창대에서 이탈하여 다시 창의 상단부위를 잡고, 오른손은 미끄러져 창의 하단부위에 이르며, 동시에 오른발을 물러나서, 양 다리가 교차하고, 눈은 창첨(槍尖)을 바라본다. (그림 159)

(그림 159)

요점

(1)부터 (4)까지는 연속동작이며, 보(步)가 나가고 몸을 돌리며 창을 움직이는 동작은 이어져 관통하고 호응하여 협조되어야 하며, '훑어 꿰는 듯이(串)' 손의 위치를 이동하는 동작은 민첩해야 한다.

44. 모두 이겨 크게 승리를 거두며 "란나찰(攔拿扎)"하다 (大獲全勝 "攔拿扎")

(1) 앞 동작에 이어서, 몸을 우(右)로 돌리며, 창첨(槍尖)이 좌(左) 아래로부터 앞에 이르고, 창대 끝은 위로부터 내려서 허리부위에 이르며, 중심(重心)을 아래로 내려서 높은 좌허보(左虛步)가 되고, 동시에 좌(左)·우(右) 손은 손목을 뒤집으며, 창첨(槍尖)을 안에서 밖으로 향해 호형(弧形)으로 휘돌려 란창(攔槍)한다. 허보(虛步)는 바뀌지 않고, 좌(左)·우(右) 손은 손목을 뒤집으며, 창첨(槍尖)을 밖에서 안으로 향하여 호형(弧形)으로 휘돌려 나창(拿槍)한다. (그림 160)

(그림 160)

(2) 왼발이 1보 나가서, 좌궁보(左弓步)가 되며, 오른손은 힘을 들여 앞쪽으로 향해 수평으로 창을 보내어 찰창(扎槍)한다. (그림 161)

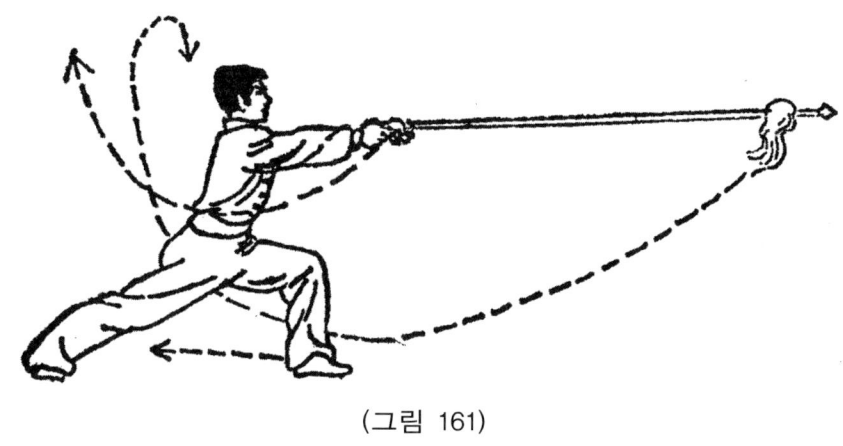

(그림 161)

(3) 수세(收勢)

1. 중심(重心)을 들어올리며, 왼발을 반보(半步) 거두어들여 높은 좌허보(左虛步)가 되고, 오른손은 창을 빼내어, 관골(髖骨 : 궁둥이뼈) 부위에 이르며, 왼손은 미끄러져 창대의 중간부위에 이른다.

창첨(槍尖)이 앞에서부터 아래로 향하고 좌(左) 뒤로 향하다가 다시 위로 향하며, 창대 끝은 위로 향하고 앞으로 향하다가 아래로 향해 왼발 앞에 세우며, 오른손은 창대에서 이탈하여 머리 위로 올려 받쳐 들고, 중심(重心)을 아래로 내려 좌허보(左虛步)가 되며, 눈은 앞

(그림 162)

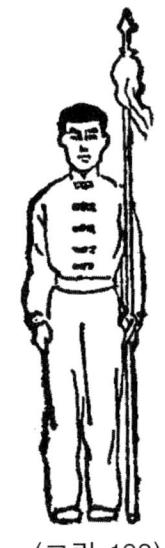

쪽으로 바라본다. (그림 162)

2. 중심(重心)을 들어올리고, 오른발이 보(步)가 나가서 왼발과 나란히 모으며, 오른손은 아래로 내려서 몸 우측(右側)에 오고, 머리를 돌려서 수평으로 바라보며 바르게 선 차려 자세가 된다. (그림 163)25)

(그림 163)

---

25) 역자註 : 창법(槍法)은 그 기법이 매우 다양하므로, 창(槍)은 정통하기가 어려운 병기이다. 척계광(戚繼光)의 기효신서(紀效新書) 장창총설(長槍總說)에 말하기를, "그 묘법은 이를 숙련함에 달려 있을 뿐이며, 익숙한즉 마음이 능히 손을 잊고, 손은 능히 창을 잊으니, 신(神)을 온전히 하여서 막힘이 없다{其妙在於熟之而已, 熟則心能忘手, 手能忘槍, 圓神而不滯}"라고 하였으며, 무술은 오직 익숙함이 관건이고, '익숙해지면 교묘한 기교가 생겨난다(熟能生巧)'. 투로(套路) 전체를 수련하는 외에, 한 초식 혹은 두어 초식을 집중적으로 반복 연습한다. 수비록(手臂錄)에 말하기를 "초식은 매우 많으니, 어찌 다 수련할 수 있겠는가? 그 몇 가지 수법의 정수(精髓)를 체득하면, 통달했다고 칭할 만하다. 많은 초식을 수련하여 서투른 것은 적은 초식을 수련하여 익숙한 것만 못하다. 몇 가지 초식이 익숙해지고, 서서히 가짓수를 늘리면, 신묘한 경지에 이른다{行着甚多, 豈能盡練, 得其精要者數法, 可以稱通微矣. 多而生, 不若少而熟也. 數着旣熟, 旋旋加之, 以迄神化}. 권술이나 병기술은 투로(套路)를 수련하는 외에 기본공(基本功)을 수련하는데, 창술은 주로 찌르기를 수련하고, 화창(花槍)을 찌르면, 창날은 내던진 표창(鏢槍)처럼 날아간다. 수비록(手臂錄)에 말하기를 "반드시 하루에 오백 번을 찔러서, 수 백일이 지난 후에야 기초가 견고해진다{必日五百戳, 几百日而後址固焉}"라고 하였으나, 현대인 중에 이처럼 할 수 있는 여건을 갖춘 사람도 없겠거니와, 구태여 그러할 필요도 없을 것이다. 현대인에게 무술수련의 주된 목적은 심신(心身)이 유쾌한 것 아니겠는가.

6. 부록

몽록당창법(夢綠堂槍法)

소림사승(少林寺僧) 홍전(洪轉)저
고오(古吳) 오수(吳殳) 수령(修齡)편집

　소림 곤법(棍法)은 신(神)으로부터 전수하여, 명성이 고금(古今)에 크게 나서, 나는 자못 심취하여 익혔다. 산은 높고 바다는 깊어, 실로 비할 데 없는 기예로 불리어서, 그 한두 가지 수법을 얻으면 기쁘게 여겼고, 더욱이 족히 이를 한 동안 오로지 하였으며, 또한 등한히 하지 않았다. 그런데 창(槍)의 병기(兵器)로서의 쓰임새는, 바로 곤(棍)과는 아주 다르니, 옛 격언에 이르기를 : "창은 모든 병기의 왕이고, 곤은 창을 쓰는 사람의 노비이다(槍爲諸器之王, 棍乃槍家之奴婢)". 그렇게 된 까닭은, 창(槍)은 한 가닥 선으로 찌르니, '드러난 모습(形影)'이 전혀 없고, 마치 콩알 하나가 구멍에 쏙 들어가는 것과 같다. 그 찔러 들어감은, 온갖 변환(變幻)이 무궁하여서, 가늠하여 제어할 수 없고, 위나 아래를 가리지 않는다. 오로지 한가운데로 쪼는 듯이 찍는 수법이 지극히 악랄하나, 다행히 봉폐(封閉)수법으로 제쳐내니, 그러므로 봉폐(封閉)수법을 수련하여 작은 공(功)을 이루려도, 또한 반드시 3년을 하여야 한다. 더욱이 그 수련해야 할 것은, 지극히 맹렬하게 찌르는 수법을 반드시 체득(體得)하여, 화살과 같고 번개와 같이 들어가야 한다. 또한 쌍두창(雙頭槍) · 자오창(子午槍) · 월아측(月兒側) 등의 병기는 막아내기 지극히 어렵게 찌르는 수법으로써 나를 찌름을 반드시 알아야 하며, 2년 정도의 기간이 지나면, 굼뜬 기색을 보아서 창을 분별해내어, 아무 일도 없는 듯 태연자약하면, 그러한 후에야 근본(根本)을 갖추었다고 한다. 비로소 파법(破法)을 가르치는데, 그 법(法)은 번잡하지 않고, 향하여 가면 들어맞지 않는 것이 없으며, 그러나 모두 봉폐(封閉)수법의 종류는 아닌지라, 그러므로 극히 훌륭하다고 찬탄한다. 곤(棍)은 그러나 그렇지 않아서, 크게 전면적으로 타격하므로, 드러나는 모습이 넓다. 또한 곧바로 공격해 오고, 게다가 변환(變幻)이 없으므로, 이를 막아내기 어렵지 않다. 제쳐내어 방어하는 수련의 공부(功夫)는, 창(槍)의 100분의 1 · 2에 미치지 못하므로, 그 승리하는 방법은 자세와 걸음걸이에 전부 의지하며, 스승과 제자가 마음을 쏟는 바는, 전부 여기에 있다. 소림사의 승려들은, 이전에는 깨달아 알지 못하여, 창(槍)과 곤(棍)을 같은 종류로 여겨서, 그 곤(棍)의 '찍음(點)'을 '찌름(扎)'으로 여겼으나, 그러나 벽을 꿰뚫는 '찌름(扎)'이 아니다. 그 곤(棍)의 봉폐(封閉)를 '제쳐냄(革)'으로 여겼으나, 그러나 쌍두창(雙頭槍) · 자오창(子午槍)의 봉폐(封閉)를 구사하는 것이 아니다. 그 곤(棍)의 걸음걸이와 자세로써 겨루려하나, 그러나 창(槍)의 묘용(妙用)은, 원래 걸음걸이와 자세에 있지 않다. 천하에 창(槍)을 아는 사람이 워낙 없는지라, 공개하여 가르침을 행한다. 소림 승려 홍전(洪轉)은, 소림사 주지로서, 《몽록당창서(夢綠堂槍書)》를 지었는데, 8모(八母) · 6묘(六妙) · 5요(五要) · 3기(三奇)의 법(法)이 있다. 홍전(洪轉)과 홍기(洪記)는 형제이며, 경암(敬巖)이 젊었을 때, 홍기(洪記)와 함께 진정(眞定)에 가서, 같이 유덕장(劉德長)을 만나 기(技)를 겨루었는데, 잡아 쥔 막대기가 유덕장(劉德長)에게 공격당해 떨어지자, 곧 홍전(洪轉)은 깨달았다. 나는 오래전에 이 글을 얻었으나, 지금에야 《아미창법(峨嵋槍法)》의 말미에 덧붙여 실으니,

보는 사람으로 하여금 그 버릴 것과 취할 것을 알게 하려는 것이다. 때는 술오(戌午)년 8월 하순, 고오(古吳) 창진자(滄塵子) 오수(吳殳) 수령(修齡)이 서문을 쓰다.26)

창법8모(槍法八母)

봉(封)

나는 4평세(四平勢)27)로 서고, 상대방이 나의 권(圈 : 圈域) 안으로 '찌르면(扎)', 나는 문을 약간 열어서, 상대방 창이 충분히 들어오도록 유인하여, 나는 앞쪽 손목을 앞으로 향하여 뒤집고, 뒤쪽 손목은 뒤로 향하여 쳐들어 젖히며, 창항(槍項 : 창목)이 상대방 앞쪽 손으로부터 6

---

26) 역자註 : 몽록당창법(夢綠堂槍法)은 수비록(手臂錄)에 원문이 게재되어 있으며, 역자가 발췌하여 부록으로 실었다. 수비록(手臂錄)은 명(明)나라 유민(遺民)인 오수(吳殳)가 청(淸)대에 저술하여, 강희원년(康熙元年 : 1662년)에 간행하였으며, 이 책은 송(宋)·명(明) 이래 창법(槍法)의 전수와 뛰어난 문파의 창법을 총괄하였고, 창법의 연법(練法)과 용법(用法)에 대하여 상세히 설명하였으며, 창법(槍法)에 관해서는 가장 뛰어난 저술이라 칭할 수 있고, 옛 사람들의 창술에 대한 정교하고 깊은 조예를 엿볼 수 있다.

27) 역자註 : 4평세(四平勢)는 창술의 기본자세이다. '머리 정수리가 평평하고(頂平)', '어깨가 평평하며(肩平)', '창이 평평하고(槍平)', '발이 평평하다(脚平)'. 정수리가 '반반하여 안정되면(平)', 머리가 바르고 목이 곧으며, 정신이 정수리에 관통되어 정신을 진작시킨다. 어깨가 반반하면 몸이 바르고, 몸이 바르면 기세(氣勢)가 충족하고 안정된다. 창이 평평하면 창을 내보냄이 힘이 있어, 수비하기 적당하고 공격하기 적당하다. 발이 안정되어 반반하면 양 발이 땅에 닿아 붙어서, 힘을 들임이 충실하여 헛되지 않다.

치가량 떨어져, 힘을 들여 상대방 창을 '봉쇄하고 풀면서(封開)', 곧 상대방 호구(虎口)를 '찌른다(扎)'. 그러나 반드시 뒤쪽 발이 힘을 들여 뻗어 차야만 하고, 창근(槍根)을 붙인즉 묵직하며 뿌리가 있고, 한가운데를 떠나지 않으며, 권(圈) 안을 단단히 살펴서, 상대방이 잇달아 공격함을 방비한다.

폐(閉)

나는 4평세(四平勢)로 서고, 상대방이 나의 권(圈) 밖을 찌르면, 나는 문을 약간 열어서, 상대방 창이 충분히 들어오도록 유인하여, 나는 앞쪽 손목을 뒤로 향하여 쳐들어 젖히고, 뒤쪽 손목을 앞으로 향하여 뒤집으며, "창목(槍項)"이 상대방 앞쪽 손으로부터 6치가량 떨어져, 힘을 들여 상대방 창을 '닫고 열면서(閉開)', 곧 상대방 심장이나 옆구리를 찌른다. 그러나 또한 반드시 뒤쪽 발이 힘을 들여 뻗어 차고 허리부위가 힘을 써야 하며, 그러한즉 묵직하여 안정되고, 한가운데를 단단히 살피며, 항상 똑바로 자세를 취하여서, 상대방이 잇달아 공격함을 방비한다.

제(提)

나의 창은 자세가 조금 높고, 아래 부위는 '비어서(虛)', 상대방이 권(圈) 안으로 나의 무릎이나 발을 찔러, 충분히 들어왔을 때, 나는 뒤쪽 손을 머리 위로 높이 들어올려, 창첨(槍尖)을 아래로 내려뜨리고, 기세(氣勢)를 타서 창을 상대방 앞쪽 손의 1척(尺) 5치가량에로 일으켜 올려, 상대방 창을 권(圈) 안으로 "들어올려(提)" 벌리고, 곧 몸을 기울려 보(步)가 나가며, 상대방 무릎이나 발을 찌른다. 만약 상대방의 창이 기세를 타서 앞의 수법을 제거하면, 나는 억눌러 차단하는 수법을 사용하고, 뒤이어서 교묘한 창법이 감춰 있음에 대해 분명히 알아야 한다.

로(攎)

나는 높은 자세로 서고, 상대방은 권(圈) 안으로 나의 무릎이나 발을 찌르면, 나의 양 손은 가슴에서 떨어져 나와, 앞쪽 손을 뒤집고, 뒤쪽 손을 쳐들어 젖히며, 허리힘을 앞으로 향하여 벌여 놓고, 상대방 창을 권(圈) 안으로 "문지르며(攎)" 벌리고, 기세를 타서 상대방 손을 아래로 누르며, 앞쪽 손을 위로 들어올려, 상대방의 심혈(心穴)을 찌른다. 상대방이 만약 도망쳐 나가면, 보(步)를 변환하여 권(圈) 밖을 쟁취하며, 바로 팔을 높이 올려 격파한다.

나(拏 : 拿)

나의 창은 자세가 조금 낮아서, 위가 텅 비어, 상대방이 빈틈을 타서 나의 얼굴을 찌른다. 나는 상대방이 충분히 들어오도록 기다려서, 나의 앞쪽 손목을 앞으로 향하여 뒤집으며, 뒤쪽 손목은 몸에 붙여 안으로 쳐들어 젖히고, "창목(槍項)"이 상대방의 호구(虎口)로부터 1척(尺) 가량 떨어져서, 힘을 들여 아래로 "제압하며(拏)", 다시 손이 근(根 : 槍根)을 밀어 상대방 얼굴이나 허리 옆구리를 찌르고, 양 손을 결탁하여 사용해야 하며, 내외(內外)가 모두 그러하다.

란(攔)

란(攔)이란 것은, 패함을 막아 구조하는 것이다. 단수(單手)로 찔러 들어가서, 만약 창이 격추당하면, 곧 변군(邊裙) 2란(二攔)을 사용하여 구조한다. 변란(邊攔)이란 것은, 내가 권(圈) 밖으로부터 찌르면, 상대방은 반드시 나의 창을 면전(面前)에로 벌리고, 나는 뒤쪽 손을 쳐들어 태양을 우러르듯 몸을 가리며, 뒤쪽 발을 이동하여 올리고, 상대방이 만약 나의 아래 부위로 찌르면, 바로 손을 뒤집어 상대방 창을 내리누르며, 보(步)를 내려 4평세(四平勢)로 서는 것이다. 만약 나의 위 부위로 찌르면, 바로 손을 뻗어 상대방 창을 버팅겨 일으켜 올리고, 손을 뒤집어 창을 거두어들이며, 보(步)를 내려 4평세(四平勢)로 서는 것이다. 군란(裙攔)이란 것은, 내가 권(圈) 안으로부터 찌르면, 상대방은 반드시 나의 창을 몸 뒤로 벌리고, 나는 곧 상대방 수법에 따라서 창을 거두어들여 가려 막으며, 몸이 앞으로 향하고, 발이 비스듬히 밟으며, 몸을 옆으로 기울려 웅크려 신형을 바꾸어 상대방 창을 기다려서, 위로 오면 곧 버팅기고, 아래로 오면 곧 내리누르며, 보(步)를 내려 4평세(四平勢)로 서는 것이다. 법(法)에 이르기를 2란(二攔)은 실패한 창을 거두어들이는 것이라 하며, 바로 이러한 뜻이다.

환(還)

나의 창이 상대방에 들어맞혔으나, 승리했다 해서 소홀히 하면 안 되고, 죽었다가 소생함을 반드시 방비해야 하며, 소홀한 틈을 타서 창을 "되돌려 반격한다(還)". 만약 상대방 창이 나를 맞히면, 나는 반드시 기세를 따라서 힘써 창을 되돌려 반격하며, 만약 상대방이 받아들여 처리해버리면, 결국 손쓸 수가 없다. 법(法)에 이르기를 창을 먹으면(공격당하면) 창을 되돌려 반격한다.

전(纏)

전(纏)이란 것은, 밧줄이 물체를 감는 것과 같아서, 상하(上下) 4면의 주위를 돌아 두르니 빈틈이 없고, 내가 향하는 곳을 상대방이 알 수 없게 하며, 나는 상대방이 나가고 들어옴을 혼란되게 할 수 있고, 그 법(法)은 반드시 양 손이 긴밀히 견고하며, 창근(槍根)을 허리에 접촉하고, 양 발은 힘을 들이며, 창첨(槍尖)을 좌우(左右)로 선회하여 돌려서 빈틈이 없게 하여, '사발(碗 : 주발, 공기)' 크기와 같으니, 소위 양 손은 움직이지 않으나 창(槍)은 조금 '둥글다(圓)'라고 하며, 그 묘함은 정통하여 숙련됨에 있으므로, 미숙한 사람은 이것을 할 수 없다.

6묘(六妙)

1. 절(截) : 정진여(程眞如)도 절법(截法)이 있고, 석경암(石敬巖)의 나한서전(懶漢 鋤田) 초식과 비슷하나, 이것과는 차이가 크다.

법(法)에 이르기를, 이것은 세로로 오면 가로로 받아들인다고 하며, 상대방의 창이 나의 창 밑 한가운데로부터 나의 손등이나 배를 찌르면, 나의 봉폐제나(封閉提拏) 모두 사용할 수 없다. 반드시 뒤쪽 발을 위로 이동하고, 몸을 옆으로 기울려 창을 가로지게 내려서, 마치 톱이 나무를 자르는 것과 같으니, 즉 나의 창을 상대방 창에 붙여서 깎아 벗기듯이 올려, 상대방의 앞쪽 손을 상하게 한다. 무릇 상대방의 창이 한가운데로 급히 오면, 나는 나제(拏提) 수법 모두 다 쓸 수 있는 사이가 없지만, 그러나 상대방이 '걸어(鉤)' 올리는 수법을 반드시 방비해야 한다.

2. 진(進)

 법(法)에 이르기를, 한 걸음 한 걸음 바싹 다그쳐 '나아가야(進)' 한다고 하며, 그러나 방법이 없으면 나아갈 수 없다. 대개 봉폐제나(封閉提拏)는, 상대방이 찌름을 방어하여 대응하는 것이다. 만약 단지 대응하기만 하고 공격할 수 없으면, 대응함이 많아 힘이 쇠약해지고, 상대방에게 능욕 당한다. 그러므로 상대방이 아직 발출하기에 앞서서, 기회를 보아 나아가며, 상대방이 이미 발출한 후에는, 기세를 타서 나아간다.

3. 란(亂)

 란(亂)이란 것은, 혼란시켜서 승리를 거두는 것이다. 피차(彼此) 대립하는 기세가 견고하여 움직이지 않는 겨를에, 만약 반드시 그 움직임을 기다려서 나아가려면, 오래 끌어 기세가 쇠약해진다. 더욱이 필경 그 움직임 중에 변화가 없기는 어려워, 이화파두(梨花擺頭)·봉전두(鳳顚頭)등과 같은 종류의 초식으로써 대처하여, 나가거나 혹은 들어오거나, 재빨리 별안간에 좌(左)이거나 우(右)이거나 할 적에, 상대방의 마음과 손이 혼란되도록 하여서 내가 가는 곳을 모르게 하면, 나는 혼란으로 인하여 나아갈 수 있다. 그러나 반드시 앞쪽 손이 원활(圓活)해야 하고, 뒤쪽 손은 견고하며, 또한 깊이 들어가서는 안 되니, 상대방이 정(靜)으로써 나의 동(動)을 기다리고 있음을 방비한다. 이 중의 가장 중요한 기밀은 바로 익숙함이다.

4. 정(定)

정(定)이란 것은, 쉬면서 힘을 비축하였다가 피로한 상대방을 대적하는 것이다. 만약 상대방이 먼저 발출하면, 반드시 충분히 발출되기를 기다려서 대응하고, 만약 아직 충분하지 않은데도 대응하면, 상대방이 수월하게 교묘한 수법으로 변환하니, 소위 강물을 사이에 두고서 꽃을 훔친다는 것이다. 만약 상대방의 창이 혹은 좌(左)이거나 혹은 우(右)이며 혹은 위거나 혹은 아래이고, 얕게 나가며 얕게 들어오니, 이것을 란(亂)이라고 부른다. 나는 그러나 반드시 양 손을 단단히 고정시켜, 안정되어 움직이지 않고, 상대방은 시간이 길어져 힘이 쇠약해지기를 기다리면서, 나는 맹렬한 힘을 양성하여, 쇠약한 틈을 타서 공격해 나가니, 쉬면서 힘을 비축하였다가 피로한 상대방을 맞아 싸우므로, 모두 이긴다. 요컨대, 견고하게 안정되며 치우침 없이 바르면, 상대방은 자연히 나를 찌르지 못하니, 도대체 어찌 상대방이 혼란시킴을 염려하겠는가? 법(法)에 이르기를, 사람을 혼란시킬 수는 있을지언정 사람에게 혼란 당하지는 말라고 하니, 바로 이것을 말하는 것이다.

5. 사(斜)

사(斜)란 것은, 신법(身法)을 말하는 것이다. 피차(彼此)의 창신(槍身)이 길고 짧음이 서로 같으면, 나는 상대방에 닿을 수 있고, 상대방도 나에게 닿을 수 있으며, 봉폐제나(封閉提拏)의 법은, 또한 피차 모두 알고 있으니, 반드시 보(步)가 나가며 창을 찔러서, 상대방이 피하기 어렵게 한다. 만약 다만 몸을 곧게 하여 나가며 찌르면, 오히려 상대방에게 찔림을 당한다. 응당 상대방의 창이 들어올 때를 기다려서 몸을 기울여 한쪽으로 쏠리며 날쌔게 피하여, 상대방의 창이 나의 가슴 앞으로부터 등 뒤로 지나가버리도록 하며, 나는 곧 비스듬히 전진하여 보(步)가 나가며 발출하여 찌르면, 상대방은 자연히 제쳐낼 사이가 없다. 병법(兵法)에서 이른 바 "굽이짐을 곧음으로 삼고, 어려움을 이로움으로 삼는다(以迂爲直, 以難爲利)"라는 것이다.

6. 직(直)

직(直)이란 것은, 창간(槍杆 : 창대)을 말하는 것이다. 대개 몸이 이미 비스듬히 나아가면, 창은 반드시 상대방의 심(心)·후(喉 : 인후)·두(頭)·면(面)을 바짝 쫓아 향하니, 나에게 있어서는 정중앙을 보살필 수 있으나, 상대방에게 있어서는 막아내기 어렵다. 법(法)에 이르기를 언제든지 취(取)한다는 것이다.

5요(五要)

1. 권(圈)

법(法)에 이르기를, "먼저 권창(圈槍)이 있어 근본으로 삼아야 후에 봉폐제나(封閉提拏)가 있다". 권창(圈槍)이란 것은, 그 좌우(左右)를 취함이 원만하고, 상하(上下)로 회전하며, 일정한 기준이 없고, 상대방의 마음과 손이 흔들려 미혹되게 하여서, 나는 곧 기회를 틈타 나아간다. 그 방법은 전법(纏法 : 휘감아 돌리기)과 비교하여 약간 '소홀하나(疏)', 그 돌아 움직임의 둥글어 원만함은, 전부 다 신법(身法)에 있다. 뒤쪽 손이 창근(槍根)을 돌려 움직이고, 앞쪽 손은 여전히 정중앙에로 견고히 한다. 만약 양 손이 모두 흔들거리면, 아마도 상대방이 허점을 타서 힘을 더할 것이며, 분별하여 비켜내며 나의 정중앙을 취(取)할 것이다.

창진자(滄塵子 : 吳殳)가 가로되 : "그 말투를 살펴보면, 결국 손은 허(虛)이며 느슨하고, 창은 수중(手中)에서 돌아 움직이는 것이니, 이것은 가장 으뜸으로 통하는 법(法)이나, 힘이 크면 그런대로 가능하지만, 힘이 작은 사람은 상대방에게 공격당해 창을 떨어뜨릴 것이다."[28]

---

28) 역자註 : 권(圈)을 창술의 가장 중요한 수법으로 여겨서 특히 치중하여 수련한다. 당순지(唐順之)의 무편(武編)에 말하기를, "첫째로 창이란 먼저 권창(圈槍)을 사용함이 근본이다"라고 하였으며, 오수(吳殳)의 수비록(手臂錄)에서도 "창술의 영혼은 오직 권(圈)이다", "창을 수련하는 사람은 오로지 권(圈) 한 수법에 오랫동안 꾸준히 공을 들인다"고 하였다. 창의 공격방법은 주로 직선으로 찔러 오가며, 공격과 방어의 변화 모두는 권(圈)을 통하여 완성한다. 권(圈)은 창첨(槍尖)이 움직이는 노선이 때로는 반권(半圈) 즉 호선(弧線)으로 오가며, 때로는 완전한 권(圈) 즉 완전한 원(圓)으로 동작한다. 선(線)과 권(圈)은 서로 연관된 것인데, 찰창(扎槍)은 직선(直線)으로 동작하며 직력(直力)을 사용하고, 막아 지키는 란(攔) 혹은 나(拿)의 수법은 호선(弧線)으로 동작하며 횡력(橫力)을 사용하므로, 공격으로부터 방어에 이르기까지 직력(直力)과 횡력(橫力)을 교환하나, 그러나 특수한 권(圈) 즉 나선형(螺旋形) 곡선에 의하여 완성해야 한다. 예를 들면, 권(圈)을 돌릴 때 전반(前半)의 권(圈)은 상대방 창을 막아내고, 후반(後半)의 권(圈)은 나선형으로 돌리며 상대방 창에 붙여 "미끄러지듯이(滑)" 상대방의 창근(槍根)에로 가능한 다가가며 휘돌려 상대방 창을 제어하면, 이것은 나무뿌리를 잘라 나무를 베어 넘기는 것과 같이 상대방 창을 제압하는 효과적인 방법이다. 수비록(手臂錄)에 이르기를 "나의 창근(槍根)을 사용하여 나의 창두(槍頭)를 제어하고, 나의 창두(槍頭)를 사용하여 상대방의 창근(槍根)을 제어한다"라고 하며, 상대방의 창을 제어하려면 주로 나선형 곡선으로 휘돌리는 방법을 사용한다. 창술에 능한 사람끼리 겨루면, 주로 이처럼 나선형 권(圈)으로 휘돌리며 상대방 창에 붙이는

2. 관(串)

관창(串槍)의 방법은, 상하좌우(上下左右)에서 기세(氣勢)에 따라 공격하여 벌려 나아가 찌르며, 상대방이 날쌔게 몸을 돌려 피할 수 없도록 한다. 만약 상대방이 철우경지(鐵牛耕地) 초식 등의 낮은 자세의 유리함을 사용하여 버팅겨 올리면, 나는 짐짓 위로 찔러서 그 버팅김에 따르고, 상대방이 버팅겨 올릴 때를 틈타 이용하여서, 나는 먼저 아래로 '결탁하며(串)', 그 위로 향하는 기세를 틈타서 이것을 버팅겨 올리므로, 아직 이기지 못한 사람이 없으니, 좌우(左右)와 상하(上下) 모두 그러하다. 순환(循環)함은 일정한 규칙이 없고, 변화가 다양하여, 마치 활기찬 용이나 생기 있는 호랑이 같아서, 붙잡아 둘 수 없다. 이것을 아는 사람은 기(技)가 진보하니, 배우는 사람은 논하지 않을 수 없다.

창진자(滄塵子)가 가로되 : "이러한 법(法)들은 매우 조잡하고 엉성하며, 아미(峨嵋)창법에는 나온 바가 없다."

3. 배(排)

배(排)라는 것은, 나의 창이 아직 움직이지 않으나, 상대방의 창은 좌우(左右)에서 얕게 드나들며 나를 혼란시키면, 나는 분별하여 '제쳐내는(排)' 수법을 사용하며, 뒤쪽 손은 창근(槍根)을 견고히 하여 움직이지 않고, 앞쪽 손은 좌우(左右)를 단단히 지키며, 양 손에 힘을 들여

데, 마치 등(藤)줄기가 나무를 휘감듯이 상대방의 창대에 확실히 달라붙여서, "미끄러지며(滑)" 상대의 창을 비켜내 뿌리치면서 서로의 창을 제어한다. 이러한 활간(滑杆)기법은 두 사람이 창을 마주 대하여 수련하며, 다양한 수련방법이 있다. 예로부터 "여러 가지 많은 창법은 전할 수 있으나, 권(圈)은 조금도 전하지 않는다(能傳十槍, 不傳半圈)"라고 하며, 권(圈)의 중요함을 강조하였다.

서 상대방 창을 제쳐 벌려, 곧바로 정중앙을 취(取)하여, 연이어 몸이 다가가고 보(步)가 나아가며 인후(咽喉)를 찔러, 기세가 대나무를 쪼개 듯 등등하고, 상대방이 비록 급히 물러나지만, 역시 몸을 피하기 어려우니, 소위 중간으로 한번 '찍으면(點)' 막아내기 어렵다는 것이다.

창진자(滄塵子)가 가로되 : "이때 다만 그 앞쪽 손을 찍으며[29], 나는 힘을 비축하여서 피로한 상대방을 처리하려고, 그 변화를 관찰한다. 분별하여 제쳐내며 다가가 나아가는 것은, 함부로 하여 잘못되면, 수법을 변화하지 못한다."

4. 압(壓)

압(壓)이란 것은, 나의 창이 위로부터 상대방 창을 내리 누르는 것이다. 나는 4평세(四平勢)로 서고, 상대방 창은 호구(虎口)의 아래 그리고 발이나 무릎의 위에로 들어오면, 나의 봉폐제나(封閉提拏) 모두 사용하기 불편하며, 설령 팔을 높이 쳐들면 쳐부술 수는 있으나, 그러나 아마도 빨리 서둘러도 좇아가 닿을 수가 없다. 대응방법은 응당 먼저 몸을 움직여 약간 비스듬히 하여, 이로써 상대방 창을 피하고, 뒤쪽 손이 창을 밀어, 뒤쪽 무릎 위에 들어올리자마자 창대를 내보내며, 특히 앞쪽 손이 힘을 들여 창첨(槍尖)을 상대방의 호구(虎口)로 향하여 내리 누르면, 상대방은 창을 떨어뜨리고 호구(虎口)는 반드시 부상을 입는다.

창진자(滄塵子)가 가로되 : "아미(峨嵋)창법은, 봉폐(封閉)를 처음

---

29) 역자註 : 양 손으로 창을 잡은 자세에서 특히 앞쪽 손 주위 1척(尺) 가량 되는 곳은 창술에서 가장 위험한 곳이며, 공격하는 사람은 이곳을 공격하려 하고, 수비하는 사람은 이곳을 주의하여 수비한다.

수련할 때, 반드시 '찌르기(扎)'를 잘하는 사람이 창법마다 이 수법을 사용하여 나를 찌르면, 이로써 봉폐(封閉)를 수련하여 완성한다. 또한 이화3파두(梨花三擺頭)나 오공찬판(蜈蚣鑽板) 초식을 사용하여 나를 찌르고, 나의 봉폐(封閉)수법 모두 이를 막아낼 수 있으면, 비로소 무예를 성취했다고 여긴다. 여기에서 말하는 것은, 모두 잠꼬대 같은 헛된 말이고, 결국 근본(根本)이 튼튼하지 않으면서, 지엽(枝葉)에서 법(法)을 만든 것이다."

5. 찰(扎)

법(法)에 이르기를, "당연히 '찔러야(扎)' 할 것을 찌르지 않으면, 이것은 아주 큰 잘못이다." 창을 잡고 서로 마주하면, 피차 각기 맹렬한 힘을 간직하고 있으며, 만약 상대방이 찔러오면, 나는 혹은 봉폐(封閉)를 사용하여 이를 떨어뜨리거나, 혹은 몸을 기울려 날쌔게 피해 허탕치게 하여, 상대방의 창이 이미 빗나가면, 힘이 지나쳐 버린다. 이때 '찌르지(扎)' 않으면, 상대방은 창을 거두어 들여서 기세를 안정시킬 수 있어, 새로운 힘이 소생하면, 전진하여 찌르기 어렵다. 그러므로 반드시 상대방의 원래 힘이 방금 지나쳐 버리고, 새로운 힘이 아직 생겨나지 않았을 때, 보(步)가 나아가며 찌르면, 몸을 피하며 비키거나 제쳐내어 막아낼 수 없다. 만약 피차 자세를 취해 서서 아직 움직이지 않아 기력(氣力)이 견고할 때, 내가 먼저 상대방을 찌르고, 상대방이 막아 제쳐낼 수 있어 내가 먼저 힘을 잃으면, 이것은 "응당 찌르지 않아야 할 것을 찔렀다"고 말한다.

3기(三奇)

1. 연(軟)

　병법(兵法)에 이르기를, "부드러움이 단단함을 이기고, 약함이 강함을 이긴다(柔能制剛, 弱能勝强)"라고 하며. 즉 창술 중의 '부드러움이 단단함을 쳐부순다(軟破硬)'라는 도리이다. 상대방이 강하게 들어오고, 내가 강하게 나아가며 막으면, 양쪽이 힘을 들이니, 이것은 강하기만 한 잘못을 범하는 것이다. 힘이 약한 사람은 반드시 패하며, 혹은 힘이 같아도 오래 겨루게 되면, 어찌 반드시 이길 수 있겠는가? 만약 상대방의 창이 강하고 맹렬하게 힘을 쓸 때, 나는 천구퇴보(穿鉤退步)의 수법을 사용하여, 상대방이 깊숙이 들어오도록 기다려서, 맹렬한 기세가 이미 지나치면, 비스듬히 보(步)를 옮겨 물러나며 찌르고, 상대방은 그 힘을 쓸 곳이 없으니, 즉 교묘하게 들어맞는 사보단철수(斜步單撤手)이다. 또한 만약 나의 창이 먼저 발출하고, 상대방이 맹렬한 힘으로 제나(提拏)하면, 나는 도리어 '부드럽게(軟)' 변하여, 상대방의 힘이 허탕 치게 하여서, 비로소 그 방비가 없는 곳을 틈타서 이를 취(取)한다. 이 모두가 부드러움으로써 단단함을 쳐부순다고 말하는 것이다. 또한 만약 피차 자세를 취해 서면, 나는 부드러운 기세로 드나들면서, 상대방이 방어하지 못하게 하며, 내가 나아간 후에, 바야흐로 강한 힘을 사용하여 쏜살같이 상대방을 취(取)하니, 이것은 '부드러움에 의지하여 강함을 사용한다(借軟用硬)'고 말하는 것이다. 이 중에 형(形)이 없이 변화하며, 소리 없이 움직이니, 배우는 사람은 주의하지 않을 수 없다.

　석경암(石敬巖)과 정진여(程眞如 : 程沖斗)의 아미(峨嵋)창법은, '무겁고 단단함(重硬)'으로써 처음의 수련과정으로 삼고, '가볍고 비움(輕虛)'으로써 새로운 변화로 삼으며, 연(軟) 자와 같은 것은, 창술 중의 지극한 경지에 도달한 것이다. 정충두(程沖斗)는 단지 '무겁고 단단함(重硬)'만 말하였으며, '가볍고 비움(輕虛)'은 말하지 않았고, 그러므로 화기(火氣)를 없애지 않았으며, 이 방법은 충두(沖斗)가 도달한 것이 아니고, 바로 소림(少林)의 본법(本法)이다. 그러나 사용할 때의 연(軟)만을 말하고, 수련할 때의 강(强)을 말하지 않았으니, 사실상 근본이 없으며, 그러므로 아미(峨嵋)창법에 필적할 수 없다.

2. 섬(閃)

법(法)에 이르기를, "지탱하여 막아내지 않고, 오로지 단번에 처리한다(不招不架, 只是一下)"라고 하며, 창이 오면 줄곧 지탱하여 막지 않는다. 만약 상대방의 창이 찔러서 날아오고, 나는 제쳐내어 이를 떨어뜨리면, 상대방은 반드시 물러간다. 이때 내가 만약 창을 전진하고, 상대방이 물러간다면, 내가 뒤쫓아도 역시 깊숙하지 않아서, 승산이 없다. 그러므로 반드시 상대방이 창을 전진해 올 때, 좌우로 비스듬히 '날쌔게 피하며(閃)' 곧장 나아가고, 상대방의 빈 곳을 찔러서, 상대방으로 하여금 미처 창을 거두어들일 사이가 없게 하며, 나의 창은 이미 몸에 닿는다. 더욱이 상대방이 오고 내가 가니, 닿으면 깊숙하지 않는 것이 없다. '날쌔게 피하는(閃)' 법은 여러 교묘한 방법 내에 상세하여 분명하며, 바로 창술의 신묘한 경지이니, 소홀히 해서는 안 된다.

창진자(滄塵子)가 가로되 : "이것은 바로 흑요번신(黑鷂翻身) 초식과 같은 종류이다. 상대방의 창이 아직 죽지 않았는데, 함부로 전진하여 찌르면, 어찌 반드시 이길 수 있겠는가? 그런데 신묘한 경지로 여기니, 몹시 비천하다. 요컨대, 아미(峨嵋)창법은 오직 상대방의 창을 죽은 듯이 제압하여, 움직일 수 없게 하니, 창을 발출하여 상대방을 들어맞힐 필요가 없고, 상대방 스스로 내심으로 굴복한다. 만약 한번 발출하여 승리를 취하려 하나, 가령 상대방을 맞힐 수 없으면, 아직 마음으로 굴복하지 않은 것과 같으니, 아미(峨嵋)창법이 아니다."

3. 잠(賺)

옛말에 이르기를, 맛있는 미끼는 큰 자라를 낚을 수 있다고 하니, 바로 이 뜻이다. 대개 창을 찌를 수 있는 사람은, 농사나 짓는 사람은 틀림없이 아닐 것이며, 반드시 능숙한 전문가이니, 만약 내가 취한 자세가 견고하면, 상대방은 완전히 들어오려고 하지 않으며, 상대방이 충분히 들어오지 않으면, 내가 상대방에게 들어가는 것 또한 깊지 않다. 반드시 먼저 빈 곳으로써, 상대방이 들어와 찌르도록 '속이며(賺)', 그리고 나는 바로 교묘한 수법으로 이를 받아들인다. 이 중의 주요한 기밀(機密)은, 일일이 다 셀 수 없이 많으니, 이것을 아는 사람은 기(技)가 진보한다.

8모(八母)는 본(本)이고, 6묘(六妙)는 용(用)이며, 5요(五要)는 변(變)이고, 3기(三奇)는 교(巧)이다. 이러한 여러 법(法)을 두루 완성하면, 창은 여러 모든 기예 중에 으뜸이 될 수 있다.

7. 역자후기

　창(槍)은 예로부터 가장 위력적인 병기였고, 그 종류가 많았으며, 기법(技法) 또한 매우 다양하게 발전하였다. 대부분의 무술수련자들은 경력(勁力)을 단련하기 위해 창(槍)을 수련하였고, 창술수련을 무술수련의 근본으로 삼았다.

　소림매화창은 청(淸)대에 유포되었고, 뛰어난 창술의 투로(套路)로서 명성이 있었다. 역자가 배운 적이 있는 소림매화창 투로를 예로 들면, 함께 배우던 사람들 모두 그 창법(槍法)의 교묘함을 찬탄하였다.

　무술은 같은 명칭의 투로(套路)일지라도 가르치는 사람마다 서로 그 내용이 달라서, 흔히 그 초식의 수법은 천양지차(天壤之差)인지라, 서로 비교하여 우열을 논할 수는 없겠으나, 유홍인(劉洪仁) 노사가 전한 이 매화창 투로는, 그 창법의 사소한 동작에도 교묘한 뜻이 있으며, 기격(技擊) 수법은 신출귀몰하다.

　무술속담에 이르기를 "맨손으로 하는 수련은 근육을 증진시키고, 병기(兵器)수련은 근골(筋骨)을 강건하게 한다"라고 하며, 특히 창술수련은 인체의 각 부위 관절과 근육을 두루 발달시키고, "온몸의 경(勁)이 완전무결하게 일체를 이루도록{勁整}" 하여서 공력(功力)을 잘 증진시킨다.

　무술수련에 뜻을 둔 강호제현들께 이 소림매화창 투로를 삼가 바치니, 혹 이를 익혀 그 뜻을 이루면 참으로 다행이겠다.

2009년 초가을 김태덕 올림